TOPIK II

한국어능력시험

ステップアップ式
韓国語能力試験
一問一答

イム・ジョンデ [著]

この本の構成

本書は解説パートと○×形式の問題で構成されています。解説パートで各問題形式のポイントを確認し、問題パートに進んでいきましょう。

1 各問題形式の学習ポイントを理解

まずは、要点解説を読んで、ポイントをおさえましょう。

学習のポイント

問題形式の特徴と対策を紹介します。

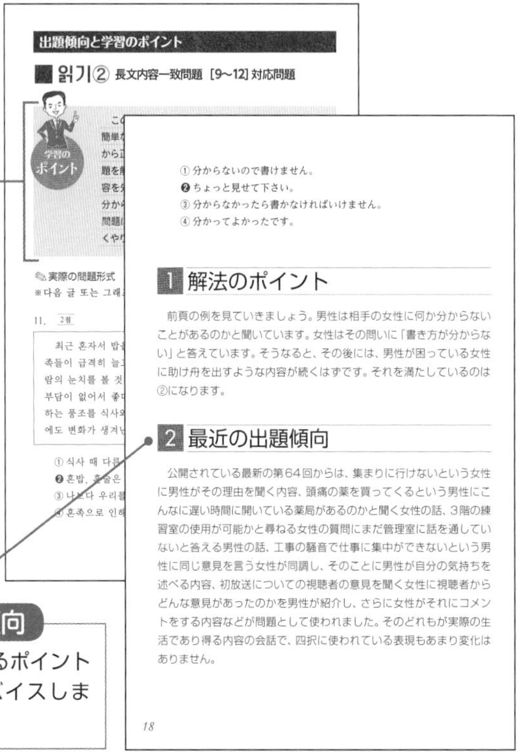

出題傾向と学習のポイント

読み(2) 長文内容一致問題 [9〜12] 対応問題

この
簡単な
から正
題を解
容を多
分かり
問題に
くやり

実際の問題形式
※次の文また(は)上

11.　2番

最近 一人で飯
族たちが 急激に増え
飯の目つきを見る
負担がなくて倍
する風潮も食事の
にも変化が生じ…

① 食事 時 だけど
② �飯、楽しん
③ 自分一人も我々
④ 家族としても因

---

① 分からないので書けません。
❷ ちょっと見せて下さい。
③ 分からなかったら書かなければいけません。
④ 分かってよかったです。

1 解法のポイント

前頁の例を見ていきましょう。男性は相手の女性に何か分からないことがあるのかと聞いています。女性はその問いに「書き方が分からない」と答えています。そうなると、その後には、男性が困っている女性に助け舟を出すような内容が続くはずです。それを満たしているのは②になります。

2 最近の出題傾向

公開されている最新の第64回からは、集まりに行けないという女性に男性がその理由を聞く内容、頭痛の薬を買ってくるという男性にこんなに遅い時間に開いている薬局があるのかと聞く女性の話、3階の練習室の使用が可能かと尋ねる女性の質問にまだ管理室に話を通していないと答える男性の話、工事の騒音で仕事に集中ができないという男性に同じ意見を言う女性が同調し、そのことに男性が自分の気持ちを述べる内容、初放送についての視聴者の意見を聞く女性に視聴者からどんな意見があったのかを男性が紹介し、さらに女性がそれにコメントをする内容などが問題として使われました。そのどれもが実際の生活であり得る内容の会話で、四択に使われている表現もあまり変化はありません。

18

最近の出題傾向

出題者の意図、間違えるポイントについて詳しくアドバイスします。

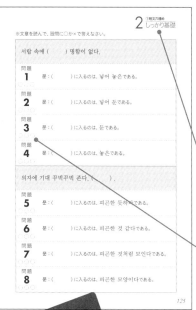

2 問題に答えて 知識の確認

出題の傾向と学習のポイントに注意しながら、実際に問題を解いてみましょう。

重要度

過去の試験の頻出度に応じ、その重要度を4段階で表示します。

チェックボックス

繰り返し問題を解くときの確認に使用してください。

赤シート対応

市販の赤シートで隠して学習に役立てて下さい。

3 解説を読んで 内容を理解

最後に、解説を読んで、正解した問題も、間違えた問題も確実に理解できるようにしましょう。

TOPIK Ⅱの学習のポイントを詳細にまとめた『韓国語能力試験 TOPIK Ⅱ 総合対策 第2版』(秀和システム刊)もあわせてお読み下さい。

韓国語能力試験について

試験の種類及び等級

1) 試験の種類：TOPIK Ⅰ、TOPIK Ⅱ
   TOPIK：Test of Proficiency in Koreanの略

2) 評価の等級：1級～6級

種類	TOPIK Ⅰ		TOPIK Ⅱ			
	1級	2級	3級	4級	5級	6級
等級	80点以上	140点以上	120点以上	150点以上	190点以上	230点以上

※TOPIK Ⅰは200点満点、TOPIK Ⅱは300点満点です。上記の等級は試験の結果によって自動的に決まるもので、自分で指定して応募することは出来ません。

試験の構成

1) 種類別

種類	時間	区分 (分)	形式	問題数	点数	合計点
TOPIK Ⅰ	1時間目	聞き取り (40分)	選択	30	100	200
		読解 (60分)	選択	40	100	
TOPIK Ⅱ	1時間目	聞き取り (60分)	選択	50	100	300
		書き取り (50分)	記述	4	100	
	2時間目	読解 (70分)	選択	50	100	

2) 問題別

　a 4択式－듣기 (聞き取り) 試験、읽기 (読解) 試験

　b 記述式－쓰기 (書き取り) 試験

　　i 完成型－単語や短い表現を入れ、文を完成していくタイプの問題です。2問出ます。

　　ii 作文型－200字～300字の中級レベルの説明文が1問、600字～700字の上級レベルの論文が1問、計2問出ます。

主管機関

1) 教育部 − TOPIK制度の立案や政策決定、指導監督などを行う国の機関です。
2) 国立国際教育院 − 試験に関連し、出題や採点などの一線の業務全般を担当する教育部所属の外郭団体です。

有効期間

　成績発表日から2年間が有効で、その間は国立国際教育院のホームページ (https://www.topik.go.kr) から成績証明書を出力することが出来ます。

試験時間割

区分	時間	領域	日本・韓国の試験場			試験時間 (分)
			入室時間	開始	終了	
TOPIK Ⅰ	1時間目	聞き取り 読解	09:20 (日本は 09:30)	10:00	11:40	100
TOPIK Ⅱ	1時間目	聞き取り 書き取り	12:20 (日本は 12:30)	13:00	14:50	110
	2時間目	読解	15:10	15:20	16:30	70

1) 韓国・日本以外の試験場は上記とは異なる試験時間となります。
2) TOPIK ⅠとTOPIK Ⅱは併願が可能です。
3) 入室時間は厳守です。入室時間を過ぎるといかなる理由があっても入室が認められません。
4) TOPIK Ⅰは1時間目のみとなります。

試験当日の流れ

	入室時間	開始	終了
TOPIK I	09:30	10:00	11:40
TOPIK II	1時間目　12:30	13:00	14:50
	2時間目　15:10	15:20	16:30

1) 韓国・日本以外の試験場は上記とは異なる試験時間となります。
2) TOPIK I と TOPIK II は併願が可能です。
3) 入室時間は厳守です。入室時間を過ぎるといかなる理由があっても入室が認められません。
4) 韓国の試験場での当日の流れは、基本的に日本の試験場での流れと一緒です。ただ、詳細な時間が異なるので、韓国で受験する時には必ずご確認下さい。

試験の実施時期と願書受付

1) 韓国では、1月、4月、5月、7月、10月、11月の計6回実施されます。この中で日本で実施されない1月、5月、11月の試験の応募は、韓国国内でのみ受付が可能で、成績も国立国際教育院のホームページでしか確認出来ません。諸事情により受験を希望する場合には、韓国国内で受付をし、韓国に渡って受験しなければなりません。
2) 日本では年3回実施されます。県別に試験会場が設けられ、試験の結果が自宅に送付されてきます。
3) 韓国の大学へ進学・編入学を希望する場合には、基本的にTOPIK II 3級以上を取得することが条件となりますが、その場合、3月の入学・編入学に間に合うように、10月の試験で3級以上を取得しなければなりません。もし10月の試験で3級が取れなかった場合、

各大学の入試日程にもよりますが、基本的には受付不可ということになります。但し、大学によっては11月や1月の試験の合格を待って条件付きで入学願書を受け付けてくれるところもあります。1月の試験の結果が2月初旬に出ますので、3月の入学にぎりぎりのタイミングで間に合うことになります。9月の入学・編入学を希望する場合には、7月の試験が最後のチャンスとなります。

※以上の説明は、今までのTOPIK制度を踏まえたものですが、試験制度や問題構成などは時々見直して変更されることがありますのでご注意下さい。

音声データダウンロードのご紹介

本書で紹介されている듣기の問題文をネイティブスピーカーが読み上げた音声は、以下のサイトから無料でダウンロードいただけます。

URL https://www.shuwasystem.co.jp/support/7980html/6302.html

音声ファイル名は本文記載のトラック名と対応しています。

ステップアップ式 韓国語能力試験TOPIK II 一問一答

1 듣기 11

1

듣기

聞き取れるかどうかを決めるのは、まず単語力です。単語の意味が分かれば、何となく、その意味が分かりますが、意味が分からなければ、その単語が使われているところを、ごそっとそのまま聞き逃してしまうことになるからです。この듣기のところに出てくる問題が聞き取れなかったら、きちんと分かるまで、何回も繰り返し聞いて下さい。かなり役に立つと思います。単語を学習したい方は『韓国語能力試験TOPIK I II 必須単語6200』(秀和システム刊)をぜひご覧になって下さい。

なお、問題を解くときは、設問ページに赤シートを当てて、韓国語を隠して解いて下さい。

듣기 시험 (聞取り試験) その1

　TOPIK Ⅱの듣기試験は、外国人の韓国語学習経験者が韓国国内で日常生活を営む、あるいは、韓国語の専門的な能力を発揮する、といった場面を想定して作られたものなので、テストの内容も、日常の会話から始まり、社会的なテーマを扱った内容、または、専門的な内容に至るまで多岐に渡ります。具体的には下記のようなテーマが考えられます。

試験のテーマ

　下記にTOPIK Ⅱの듣기試験で今まで出題されてきたテーマと今後考えられるテーマをまとめてみました。今後もこの傾向が変わることはほとんどありません。

1）教育 …………………教育制度、教育事情、学校生活、先輩／後輩、留学

2）仕事 …………………職業、職場生活、企業社会、業務、企業経営

3）専門分野 ……………政治、経済、社会、文化、科学、建築、歴史、マスコミ、宗教、学問、言語

4）社会問題 ……………環境問題、事件、事故、災害、社会性の高い出来事

5）趣味・レジャー ………趣味、旅行、宿泊、休日、休み、体験教室、文化体験

6）芸術 …………………音楽、美術、映画、コンサート、公演、展示会、博物館、伝統芸術

7）健康 …………………スポーツ、トレーニング、ウォーキング、ジム、運動

8）日常生活 ……………感謝／謝罪、交通、ファッション、天気、季節、
性格、感情、お金関連、考え方の違い、文化の違
い、ショッピング

9）家庭・家族 …………住居、訪問、恋愛、結婚、料理、引っ越し、招
待

10）技術・科学 …………技術、健康関連の生活科学、先端科学、先端技
術、未来社会

11）コミュニケーション ……問い合わせ、相談、要求・要請、会議、討論、官
公庁利用、公共施設利用、紹介、注文

12）マスコミ ………………新聞、テレビ、報道、ドキュメンタリー、対談、
教養、ニュース、天気予報、生活情報、通販、イ
ンタビュー

13）講演 …………………講演、講義、説教

14）広告・コマーシャル ……テレビCM、商品広告、求人、社員募集、企業・
公共広告

※上記の中の10）ですが、韓国では、未来社会、先端技術、健康関連
の生活科学などに社会全体の関心が高く、それを反映して試験問題
として出てくることもあるので、別項目を立てておきました。

듣기 시험（聞取り試験）その2

　ではTOPIK Ⅱの듣기試験というのは具体的にはどんなものなのでし
ょうか。本書では、最近の問題に対する分析も交えながら、試験の内
容とそれに伴う問題の解き方などを詳しく見ていき、たくさん問題を
解くことで、実戦力を身に付けていただきたいと思います。

発音について

（1）母音の発音は聞いて覚えるのではなく書いて覚える

「애/에」は、韓国人も文脈で区別するのが現状です。それ以外の「오/어」、「왜/외/웨」、「우/으」なども、基本は、単語を覚えて区別します。耳で聞いて区別するのではありません。

（2）子音の発音はいくつかの原理を理解する

発音の注意点は、子音が語頭に来る場合と、語末に来る場合（パッチム）とで大きく異なります。語頭に来る場合は、母音と同じく、書いて覚えます。次のようなものです。

平音（普通の音）	激音（激しく空気を出す音）	濃音（全く空気を出さない音）
ㄱ	ㅋ	ㄲ
ㄷ	ㅌ	ㄸ
ㅂ	ㅍ	ㅃ
ㅈ	ㅊ	ㅉ
ㅅ		ㅆ

これを耳で聞いて区別するのは、初級の段階では、ほぼ無理です。上級者になっても初めて聞く単語は、どちらなのか判断がつかないことがよくあります。頻度で言うと、平音の方が圧倒的に多いので、激音と濃音系のものが出てきたら、しっかり書いて覚えることです。では、肝心の語末子音（パッチム）に働く原理を見ていきましょう。

ⅰ 促音（っのこと）系のパッチムがある→「ㄱ/ㄷ(ㅅ)/ㅂ/ㄹ（半促音）」
ⅱ 撥音（んのこと）系のパッチムがある→「ㄴ/ㅁ/ㅇ」
ⅲ パッチムの発音になり得るのは、促音系と撥音系の７つのみ。

したがって、７つ以外のパッチムは下記のように統合される。

区分	発音	該当するパッチム	備考
促音系	ㄱ	ㄱ/ㅋ/ㄲ/ㄳ/ㄺ	
	ㄷ	ㄷ/ㅌ/ㅅ/ㅆ/ㅈ/ㅊ/ㅎ	
	ㅂ	ㅂ/ㅍ/ㅄ/ㄼ/ㄿ	밟다（例外）
	ㄹ	ㄹ/ㄼ/ㄽ/ㄾ/ㅀ	여덟/넓다/짧다
撥音系	ㄴ	ㄴ/ㄵ/ㄶ	
	ㅁ	ㅁ/ㄻ	
	ㅇ	ㅇ	

iv 子音は、発音する器官によって5つに分かれる。

①喉音→「ㅇ/ㅎ」

②牙音→「ㄱ/ㅋ」

③舌音→「ㄴ/ㄷ/ㄹ/ㅌ」

④歯音→「ㅅ/ㅈ/ㅊ」

⑤唇音→「ㅁ/ㅂ/ㅍ」

※喉音は、ほとんど音価がないか、なくなる途中にある。「ㅇ」は語頭では、音価がない。「ㅎ」は、語頭では発音するが、それ以外のところでは、まともに発音されることがない。喉を通る空気だけを上乗せするので、自分はなくなり、前後に来る「ㄱ/ㄷ/ㅂ/ㅈ」を「ㅋ/ㅌ/ㅍ/ㅊ」にする。

v 促音系パッチムの後に現れる促音系の子音→「ㄲ/ㄸ/ㅃ/ㅆ/ㅉ」の発音になる。

vi 促音系子音と撥音系子音とは、発音上共存しない。

①促音系パッチムの後に撥音系子音が現れたら、促音系子音の発音が撥音に変わる。

	促音系		撥音系
喉音			
牙音	ㄱ	⇒	ㅇ
舌音	ㄷ	⇒	ㄴ
歯音			
唇音	ㅂ	⇒	ㅁ

②半促音の「ㄹ」は、撥音系パッチムの後で、同じ舌音の「ㄴ」になる。

③半促音の「ㄹ」は、前後する同じ舌音の「ㄴ」の発音を支配する。

④半促音の「ㄹ」は、前の促音系子音の発音を撥音系に変える。

vii パッチムの後、母音が来たら、連音される。

viii 撥音系パッチムは、後ろの促音系子音の発音を濁らせる。

ix 2つの言葉の合成と認められる場合には、後ろを濁らせない。

x 「ㄺ/ㄾ/ㄼ」パッチムの言葉は、語源をはっきりさせるために、後ろを濁らせない。

xi 促音系パッチム「ㄷ/ㅌ」の後に「이」が来たら、「지/치」になる。

【例】

iii の例　1)「여덟 명→여덜명 (8名)」

　　　　2)「넓은 방→널븐 방 (広い部屋)」

　　　　3)「밟고 있다→밥고 있다→밥꼬있다→밥꼬읻따 (踏んでいる)」

iv の例　1）「축하→추카 (祝賀)」
　　　　 2）「생각하다→생가카다 (考える)」
　　　　 3）「입학→이파 (入学)」
v の例　 1）「학교→학꾜 (学校)」
　　　　 2）「식당→식땅 (食堂)」
　　　　 3）「약속→약쏙 (約束)」
vi①の例 1）「학년→항년 (学年)」
　　　　 2）「꺾다→꺾다＋는→꺾는→껑는 (折る)」
　　　　 3）「책만→책＋만→챙만 (本ばかり)」
vi②の例 1）「심리상태→심니상태 (心理状態)」
　　　　 2）「종류→종뉴 (種類)」
　　　　 3）「명령→명녕 (命令)」
vi③の例 1）「진리→질리 (真理)」
　　　　 2）「일년→일련 (1年)」
vi④の例 1）「독립→동립→동닙 (独立)」
　　　　 2）「역량→영량→영냥 (力量)」
　　　　 3）「법률→범률→범뉼 (法律)」
vii の例　1）「밖은 덥나요→바끈덤나요 (外は暑いです)」
　　　　 2）「값이 비쌉니다→갑씨비쌈니다 (値段が高いです)」
　　　　 3）「못 일어나요→몯 일어나요→모 디러나요 (起きられません)」
viii の例 1）「인간→ingan」(人間)」
　　　　 2）「전자→chonja (電子)」
　　　　 3）「정도→chongdo (程度)」
ix の例　 1）「신고 오다→신다＋고 오다→신꼬오다 (履いてくる)」
　　　　 2）「먹을 것→먹다＋을 것→머글껃 (食べるもの)」
　　　　 3）「인기→인＋기→인끼 (人気)」
x の例　　1）「내가 읽던 책→내가익떤책 (私が読んでいた本)
　　　　 2）「젊다→점따 (若い)」
　　　　 3）「앉던 의자→안떤의자 (座っていた椅子)
xi の例　 1）「같이→가치 (一緒に)」
　　　　 2）「붙이다→부치다 (貼る)」
　　　　 3）「맏이→마지 (長男／長女)」

出題傾向と学習のポイント

■ 듣기 ① 会話の続きを選ぶ問題 [4〜8] 対応問題

学習の ポイント

　　この形式からは計5問出題されます。日々のいろいろな場面において起こり得る男女2人の会話を紹介し、会話の最後の発言にどのような反応をするかを選択肢から選ぶ問題です。以下のような手順で解いていくのがよいでしょう。①男女2人の会話をよく把握する、②2人の会話を聞きながらそれと並行して、こういう流れだったら多分こんな話が続くだろうなと思えるものを頭の中で予想しておく、③音声を聞き終わったら考えておいた内容と一致するものを選択肢から選ぶ、といった手順です。

🖉 実際の問題形式

※ 다음 대화를 잘 듣고 이어질 수 있는 말을 고르십시오. 각 2점

남자 : 왜 그래요? 뭐 모르는 거 있어요?
여자 : 네, 여기를 어떻게 써야 되는지 모르겠어요.
남자 : (　　　　　　　　　　　　　　)
---

① 몰라서 못 쓰겠어요.　　❷ 어디 좀 보여 주세요.

③ 모르면 써야 돼요.　　④ 알아서 다행이에요.

※ 次の会話をよく聞いて会話の後に続く表現を選んで下さい。

男性：どうしたのですか? 何か分からないところでもあるのですか?
女性：はい、ここをどう書けばいいのか分かりません。
男性：(　　　　　　　　　　　　　　　　　)
---

① 分からないので書けません。

❷ ちょっと見せて下さい。

③ 分からなかったら書かなければいけません。

④ 分かってよかったです。

1 解法のポイント

　前頁の例を見ていきましょう。男性は相手の女性に何か分からないことがあるのかと聞いています。女性はその問いに「書き方が分からない」と答えています。そうなると、その後には、男性が困っている女性に助け舟を出すような内容が続くはずです。それを満たしているのは②になります。

2 最近の出題傾向

　公開されている最新の第64回からは、集まりに行けないという女性に男性がその理由を聞く内容、頭痛の薬を買ってくるという男性にこんなに遅い時間に開いている薬局があるのかと聞く女性の話、3階の練習室の使用が可能かと尋ねる女性の質問にまだ管理室に話を通していないと答える男性の話、工事の騒音で仕事に集中ができないという男性に同じ意見を言う女性が同調し、そのことに男性が自分の気持ちを述べる内容、初放送についての視聴者の意見を聞く女性に視聴者からどんな意見があったのかを男性が紹介し、さらに女性がそれにコメントをする内容などが問題として使われました。そのどれもが実際の生活であり得る内容の会話で、四択に使われている表現もあまり変化はありません。

音声を聞いて、設問に答えなさい。　◀)) track001

여자 : 오빠, 나 주말에 집에 못 갈 것 같아요.

남자 : 왜? 무슨 일 있어?

여자 : (　　　　　　　　　　)

問題 1	(　　) に入る言葉は、갑자기 약속이 생겼어요. である。
問題 2	(　　) に入る言葉は、몸이 좀 안 좋아요. である。
問題 3	(　　) に入る言葉は、아무 데도 안 가요. である。
問題 4	(　　) に入る言葉は、집에서 쉬어요. である。

音声を聞いて、設問に答えなさい。　◀)) track002

남자 : 물 좀 사 가지고 갈게. 먼저 가 있어.

여자 : 같이 가요. 나도 음료수 좀 사야겠어요.

남자 : (　　　　　　　　　　)

問題 5	(　　) に入る言葉は、그래. 그럼 같이 가. である。
問題 6	(　　) に入る言葉は、아니, 내가 먹을 건데. である。
問題 7	(　　) に入る言葉は、음료수 뭐? 내가 사 오면 되지. である。
問題 8	(　　) に入る言葉は、응, 알았어. 갔다 올게. である。

女性：先輩、私、週末家に行かれそうにないです。
男性：どうして？ 何か用があるの？
女性：(　　　　　　　　)

1 ◯
【訳】急に約束ができたんです。
갑자기 약속이 생겼어요는, 무슨 일에 당타루노데, ◯가 正解です。

2 ◯
【訳】具合がちょっと良くありません。
몸이 좀 안 좋아요는, 무슨 일에 당타루 出来事です。◯です。

3 ✕
【訳】どこにも行きません。
아무 데도 안 가요는, 相手の言っている 무슨 일 있어? の返事になりません。✕が正解です。

4 ✕
【訳】家で休みます。
집에서 쉬어야겠어요と行けない理由を前面に出す言い方なら、成立しますが、ここでは✕です。

男性：水ちょっと買っていくから。先に行ってて。
女性：一緒に行きましょう。私も飲み物を買わないといけません。
男性：(　　　　　　　　)

5 ◯
【訳】そう。それじゃあ一緒に行こう。
一緒に行くと言っているので、그럼 같이 가는、適切な言い方です。◯です。

6 ✕
【訳】いや、僕が食べるつもりなのに。
나도 음료수 사야겠어요を踏まえると、これは、適切な言い方とは言えません。

7 ◯
【訳】飲み物、何？ 僕が買ってくればいいさ。
何が飲みたいか、言ってくれれば僕が買ってくるよ、という言い方なので、成立します。

8 ✕
【訳】うん、わかった。行ってくるね。
一緒に行くと言っているのに、갔다 올게は、おかしい反応です。✕が正解です。

音声を聞いて、設問に答えなさい。　　　　　　　　◀》 track003

여자 : 다음 주 평일에 시간 있어?

남자 : 화요일 빼고는 다 괜찮아.

여자 : (　　　　　　　　　　)

問題 1 ○○○	(　) に入る言葉は、 그럼 화요일 오후 어때? である。
問題 2 ○○○	(　) に入る言葉は、 화요일은 내가 안 되는데. である。
問題 3 ○○○	(　) に入る言葉は、 저녁때 만나면 되겠네. である。
問題 4 ○○○	(　) に入る言葉は、 그럼 수요일 시간 비워 둬. である。

音声を聞いて、設問に答えなさい。　　　　　　　　◀》 track004

남자 : 아직 멀었어요?

여자 : 네, 한 시간 정도 더 가야 될 거예요.

남자 : (　　　　　　　　　　)

問題 5 ○○○	(　) に入る言葉は、 생각보다 시간 많이 걸리네요. である。
問題 6 ○○○	(　) に入る言葉は、 이렇게 빨리 올 줄 몰랐어요. である。
問題 7 ○○○	(　) に入る言葉は、 벌써 도착했을 거예요. である。
問題 8 ○○○	(　) に入る言葉は、 좀 더 가까울 줄 알았어요. である。

解答・解説

女性：来週の平日に時間ある？
男性：火曜日以外は全部大丈夫だよ。
女性：（　　　　　　　　）

1	×	【訳】じゃあ、火曜日の午後どう？
		화요일 빼고는과 言っているのに、その日の午後というのは、おかしいです。×が正解です。

2	×	【訳】火曜日は私がダメなんだけど。
		화요일 빼고는は、火曜日以外は、大丈夫という意味です。正解は、×です。

3	×	【訳】夕方会えばいいね。
		的外れな解答です。×です。

4	○	【訳】じゃあ、水曜日時間空けておいて。
		수요일 시간 비워 둬는、水曜日は空けておいてね、という意味です。화요일 빼고는と合います。○です。

男性：まだですか？
女性：はい、だいたい1時間くらい行かなければならないと思います。
男性：（　　　　　　　　）

5	○	【訳】思ったよりずいぶん時間がかかりますね。
		더 가야 될 거예요と言っていることを踏まえると、それに対する反応として、合っています。

6	×	【訳】こんなに早く着くとは思いませんでした。
		아직 멀었어요? と不満めいたことを言う内容と合いません。正解は×です。

7	×	【訳】すでに到着したでしょう。
		한 시간 정도 더 가야と言っている内容と矛盾します。×が正解です。

8	○	【訳】もう少し近いと思いました。
		思ったより時間がかかるということなので、その話の流れと一致します。○です。

音声を聞いて、設問に答えなさい。　　　　　　　　　　　◀» track005

여자 : 준수 씨 컴퓨터 좀 쓸 수 있어요?

남자 : 왜요? 수연 씨 거 어떻게 됐어요?

여자 : (　　　　　　　　　　　　　)

問題 1	（　）に入る言葉は、 네, 수리 맡겼어요. である。
問題 2	（　）に入る言葉は、 네, 컴퓨터가 좀 이상해요. である。
問題 3	（　）に入る言葉は、 아뇨, 아무 일도 없어요. である。
問題 4	（　）に入る言葉は、 아뇨, 내 거 고장 났어요. である。

音声を聞いて、設問に答えなさい。　　　　　　　　　　　◀» track006

남자 : 잠깐 사무실에 좀 갔다 와야 될 것 같은데.

여자 : 오늘 휴일인데 왜 사무실에 가?

남자 : (　　　　　　　　　　　　　)

問題 5	（　）に入る言葉は、 뭘 좀 꼭 처리해야 할 일이 있어서. である。
問題 6	（　）に入る言葉は、 휴일이라도 오늘은 일하는 날이야. である。
問題 7	（　）に入る言葉は、 뭘 좀 깜빡한 게 있어서. である。
問題 8	（　）に入る言葉は、 잊어버린 것만 가져오면 돼. である。

女性：ジュンスさん、コンピューターちょっと使えますか？
男性：どうしてですか？スヨンさんの、どうかしましたか？
女性：(　　　　　　　　)

1	○	【訳】はい、修理に出しました。 수리 맡겼어요는, 어떻게 됐어요？에 대한 返答内容として、適切です。正解は○です。
2	○	【訳】はい、コンピューターが少しおかしいです。 컴퓨터가 좀 이상해요는, 어떻게 됐어요?에 대한 返答内容として、適切です。正解は○です。
3	×	【訳】いいえ、何もありません。 아무 일도 없어요なら、相手にパソコンを使わせてほしいと頼む理由がありません。×です。
4	×	【訳】いいえ、私のが故障したんです。 아뇨と、相手の質問を否定しているので、내 거 고장 났어요というのは、矛盾します。×です。

男性：ちょっと事務所に行ってこなければいけないみたいなんだ。
女性：今日休日なのにどうして事務所に行くの？
男性：(　　　　　　　　)

5	○	【訳】どうしても処理しなければいけないことがちょっとあって。 休みなのに会社に行かなければならない理由を述べる内容であれば、○です。その内容になっています。
6	○	【訳】休日でも今日は仕事する日なんだよ。 休みなのに会社に行く理由として、휴일이라도 일하는 날이야는、立派な理由になります。
7	○	【訳】ちょっと忘れたものがあって。 깜빡한 게 있어서는、処理しなければならない仕事をうっかりしたという意味なので、OKです。
8	○	【訳】忘れたものだけ持ってくればいいんだよ。 取りに行くだけというのも、会社に行く充分な理由となります。正解は○です。

音声を聞いて、設問に答えなさい。　　　　　　　　　　　◀))) track007

여자 : 그건 우리가 할 수 있는 일이 아닌 것 같아요.

남자 : 그건 그런데 그 사람이 좀 안됐어요.

여자 : (　　　　　　　　　　　　)

問題 1 ○○○	(　　) に入る言葉は、 안됐어도 할 수 없지요. である。
問題 2 ○○○	(　　) に入る言葉は、 당신은 뭔가 해 주고 싶어요? である。
問題 3 ○○○	(　　) に入る言葉は、 우리도 힘들어질 수도 있잖아요. である。
問題 4 ○○○	(　　) に入る言葉は、 이번에는 모르는 척하세요. である。

音声を聞いて、設問に答えなさい。　　　　　　　　　　　◀))) track008

남자 : 수연 씨, 포토샵 할 줄 알아요?

여자 : 네, 대학 때 포토샵 많이 해 봤어요.

남자 : (　　　　　　　　　　　　)

問題 5 ○○○	(　　) に入る言葉は、 그럼 이것 좀 만들어 봐요. である。
問題 6 ○○○	(　　) に入る言葉は、 일러스트레이터도 만질 줄 알아요? である。
問題 7 ○○○	(　　) に入る言葉は、 대학 때 배워 두기를 잘했어요. である。
問題 8 ○○○	(　　) に入る言葉は、 수연 씨답네요. 내가 그럴 줄 알았어요. である。

女性：それは私たちができることではないと思います。
男性：それはそうだけど、あの人がちょっと気の毒です。
女性：（　　　　　　　）

1 ○
【訳】気の毒でもしかたないでしょう。
좀 안됐어요에 의견을 말하는 내용이 바람직합니다. 할 수 없지요는, 판단으로서 있을 수 있습니다. ○가 정답입니다.

2 ○
【訳】あなたは何かしてやりたいのですか？
뭔가 해 주고 싶어요? 도 말할 수 있는 의견의 1개이므로, 답은 ○이 됩니다.

3 ○
【訳】私たちだって困ることになりうるじゃないですか。
우리가 할 수 있는 일을 해 버리면, 힘들어질 수도 있다가 되므로, 내용적으로 연결됩니다.

4 ○
【訳】今回は知らん顔してください。
모르는 척하세요는, 의견으로서 충분히 성립합니다. ○입니다.

男性：スヨンさん、フォトショップ使えますか？
女性：はい、大学の時フォトショップ、結構使ってみました。
男性：（　　　　　　　）

5 ○
【訳】では、ちょっとこれ作ってみてください。
포토샵이 된다고 말하는 여성에 대한 발언으로서, 만들어 봐요는, 충분히 성립합니다.

6 ○
【訳】イラストレーターも操作できますか？
일러스트레이터도 되는가라고 몰아붙이는 내용이므로, 이야기의 흐름으로서 충분히 성립합니다.

7 ○
【訳】大学の時、習っておいてよかったです。
배워 두고, 잘했다고 긍정적으로 평가를 하는 이야기이므로, 이야기의 흐름으로서, 충분히 성립합니다.

8 ○
【訳】スヨンさんらしいですね。私はそうだと思っていました。
과연 역시 되는 것인가라는 취지의 발언이므로, 이야기의 흐름으로서, 충분히 성립합니다.

音声を聞いて、設問に答えなさい。　　　　　　　　　◀)) track009

여자 : 시장님은 이번 시장 선거에도 출마하실 생각이신가요?

남자 : 네, 그럴 생각으로 있습니다. 제가 시장을 2 기 하면
　　　서 해 온 일을 시민 여러분을 위해 꼭 마무리 짓고 싶
　　　습니다.

여자 : (　　　　　　　　　　　)

問題
1
○○○

(　　) に入る言葉は、
그럼 마지막으로 시민 여러분께 인사 말씀 부탁드립
니다. である。

問題
2
○○○

(　　) に入る言葉は、
시와 시민을 위해 다시 한번 시장직에 도전하시겠다
는 말씀 잘 들었습니다. である。

問題
3
○○○

(　　) に入る言葉は、
네, 그럼 이것으로 마치겠습니다. 시장님, 인터뷰에
응해 주셔서 감사드립니다. である。

問題
4
○○○

(　　) に入る言葉は、
네, 기대가 되는군요. 남은 임기 잘 마치시길 바라겠
습니다. である。

女性：社長は今度の市長選挙にも出馬なさるおつもりですか？
男性：はい、そのつもりでいます。私が市長を2期務めながらやってきた
　　　ことを、市民の皆さんのためにしっかり締めくくりたいのです。
女性：（　　　　　　　　　）

1　◯

【訳】では最後に、市民の皆様にご挨拶をお願いします。
インタビューを閉じる言い方として、適切な閉じ方です。
◯になります。

2　◯

【訳】市と市民のため、もう一度市長職に挑戦なさるという
お話をしっかり聞かせていただきました。
다시 한번 시장직에 도전하시겠다는 말씀은, 男性의 발
言을 그대로 말하고 있습니다. ◯です。

3　◯

【訳】はい、ではこれで終わります。市長、インタビューに
応じてくださり、ありがとうございました。
これも、インタビューの閉じ方として、適切な表現となり
ます。正解は◯です。

4　◯

【訳】はい、楽しみですね。残りの任期をしっかり締めくく
られますよう願っています。
남은 임기とは、現職としてのそれを指しているので、内
容として不自然ではありません。◯です。

■ 듣기② 次にとる行動を選ぶ問題 [9〜12] 対応問題

学習の ポイント

　　　　この形式からは計4問出題されます。男女の会話2往復を聞いて、男性または女性が次に取るはずの行動を選択肢の中から選ぶ問題です。解き方は듣기①と同じです。4つめの発言が終わったら、次に続くはずの男性または女性の行動を予測します。音声が終わったら自分の予想と一致するものを選択肢から選びます。

✎実際の問題形式

※다음 대화를 잘 듣고 여자가 이어서 할 행동으로 알맞은 것을 고르십시오. 각 2점

여자 : 철호 씨, 지난 주말에 집에 잘 갔다 왔어요?
남자 : 네? 나 일이 있어서 못 갈 것 같다고 카톡 보냈잖아요.
　　　　못 봤어요?
여자 : 어머, 그랬어요? 난 못 봤는데 정말 보냈어요?
남자 : 확인해 봐요. 내가 틀림없이 보냈거든요.

---

　① 카톡을 보낸다.
　② 집에 다녀온다.
　❸ 휴대 전화를 확인한다.
　④ 일 때문에 못 간다.

※次の会話をよく聞いて女性の次の行動として適切なものを選んで下さい。

女性：チョロさん、先週末実家に行ってきましたか？
男性：はい？ 私、用事が出来たから行けそうにないってカカオトークを
　　　送ったじゃないですか。見ていないのですか？
女性：あら、そうでしたか。気付きませんでしたが、本当に送ったのですか？
男性：確認してみて下さい。間違いなく送っていますから。

---

① カカオトークを送る。　　② 実家に行ってくる。

❸ 携帯電話を確認する。　　④ 用事のため行けない。

1 解法のポイント

　前頁の例を見てみましょう。無事実家に行ってきたのかと聞く女性に対して、男性は実家には行けないとカカオトークを送ったじゃないかと返します。気付かなかったと言う女性に対して男性は、最後の会話で、女性に自分の送ったメッセージを確認することを促しています。そうなると、それに続く女性の行動としては、携帯電話でのカカオトークを確認する作業が予想されます。正解は③です。

2 最近の出題傾向

　これは、会話のやり取りの中で、相手の話を聞いた男性または女性が、どんな行動を取ることになるのかを答えさせるタイプの問題です。コミュニケーション力を計る時に、欠かせないタイプの問題と言えます。第64回からは、誕生日カードを書くと決めたことに同意してもらい、カードを書くことになる女性、診察に訪れた病院で着替えの話と場所を案内され、それに応じることになる女性、トマトを植えた鉢に水をやるように言われ、それをしようとする女性、研修プログラムを担当している女性から特別講演の講師が未定との話を聞き、それを速く確定するように男性から催促されて、急ぐ女性、の話が問題内容として使われました。

次の会話を聞いて、設問に○か×で答えなさい。　◀)) track010

여자 : 안녕하세요? 한국보험인데요. 한준수 고객님이시지요?

남자 : 네, 맞는데요. 무슨 일이시죠?

여자 : 지난번에 말씀하셨던 생명 보험을 안내해 드리려고 연락드렸습니다. 잠시 시간 괜찮으시면 안내해 드려도 되겠습니까?

남자 : 아, 괜찮아요. 말씀하세요.

問題 1 ○○○	女性が次にすることは、 생명 보험에 대해 설명한다. である。
問題 2 ○○○	女性が次にすることは、 전화를 다시 건다. である。
問題 3 ○○○	女性が次にすることは、 회사에 연락한다. である。
問題 4 ○○○	女性が次にすることは、 잠시 기다린다. である。

次の会話を聞いて、設問に○か×で答えなさい。　◀)) track011

남자 : 갔다 오는 길에 내 감기약 좀 사다 줄래?

여자 : 콧물이 나고 기침도 하고. 열은 어때?

남자 : 조금 있기는 한데 기침하고 콧물이 좀 심하네.

여자 : 알았어. 사는 것보다 짓는 게 낫겠지?

問題 5 ○○○	女性が次にすることは、 감기약을 산다. である。
問題 6 ○○○	女性が次にすることは、 열이 있는지 체온을 잰다. である。
問題 7 ○○○	女性が次にすることは、 감기약을 지어 온다. である。
問題 8 ○○○	女性が次にすることは、 기침을 많이 한다. である。

女性：こんにちは。韓国保険ですが、ハン・ジュンス様でいらっしゃいますね。

男性：はい、そうですが、何の御用でしょうか？

女性：先日おっしゃっておられた生命保険のご案内をさせていただきたいと思ってご連絡いたしました。少しお時間よろしければ、ご案内させていただいてもよろしいでしょうか。

男性：あ、大丈夫です。お話しください。

| 1 | ○ | 【訳】生命保険について説明する。 |
| | | 안내해 드려도 괜찮겠습니까?に対し、괜찮아요と言っているので、説明した①で正解です。○です。 |

| 2 | ✕ | 【訳】電話をかけなおす。 |
| | | 会話は、電話でのやり取りなので、괜찮아요. 말씀하세요の後に、電話をかけ直すのは、おかしいです。 |

| 3 | ✕ | 【訳】会社に連絡する。 |
| | | 말씀하세요と言っているのに、会社に連絡をするのは、おかしな反応です。✕です。 |

| 4 | ✕ | 【訳】しばらく待つ。 |
| | | 말씀하세요と言われているので、잠시 기다린다は、おかしな反応になります。正解は✕です。 |

男性：出かけるついでに、私の風邪薬を買ってきてくれる？

女性：鼻水が出て咳もしてるし。熱はどう？

男性：少しあることはあるけど、咳と鼻水がちょっとひどいね。

女性：わかったわ。買うより作るほうがいいでしょ？

| 5 | ✕ | 【訳】風邪薬を買う。 |
| | | 감기は、分かるとして、사는 것보다 짓는 게が聞き取れるかがポイントです。감기약을 산다は、✕です。 |

| 6 | ✕ | 【訳】熱があるか、体温を測る。 |
| | | 감기약 사다 줄래?と言っているので、体温を測る必要はありません。正解は✕です。 |

| 7 | ○ | 【訳】風邪薬を作ってくる。 |
| | | 감기약을 지어 온다が正解です。 |

| 8 | ✕ | 【訳】ひどく咳をする。 |
| | | 기침을 많이 한다は、男性の方です。✕です。 |

次の会話を聞いて、設問に〇か×で答えなさい。　　　◀)) track012

여자 : 준수야, 너 작년에 관광학 개론 들었지?

남자 : 응, 들었는데 왜? 이번 학기에 신청하려고?

여자 : 생각 중이야. 그 수업 어땠니? 과제가 좀 까다롭다면서?

남자 : 까다롭기는 한데 도움이 많이 되니까 꼭 들어.

問題 1	女性が次にすることは、 관광학 수업 과제를 제출한다. である。
問題 2	女性が次にすることは、 수강 신청을 변경한다. である。
問題 3	女性が次にすることは、 남자와 같이 수업을 듣는다. である。
問題 4	女性が次にすることは、 관광학 개론 수강 신청을 한다. である。

次の会話を聞いて、設問に〇か×で答えなさい。　　　◀)) track013

남자 : 임수연 씨, 신입 사원 연수 교육 내용 확정됐어요?

여자 : 네, 다른 내용은 다 확정됐고요. 사장님이 참석하실지만 최종 확인하면 끝입니다.

남자 : 그럼 비서실에 다시 한번 확인해 보고 기념품도 차질 없도록 체크해 봐요.

여자 : 알겠습니다.

問題 5	女性が次にすることは、 비서실에 사장의 참석 여부를 확인한다. である。
問題 6	女性が次にすることは、 기념품이 기일대로 납품되는지 확인한다. である。
問題 7	女性が次にすることは、 신입 사원에게 연락을 취한다. である。
問題 8	女性が次にすることは、 교육 내용을 재차 점검한다. である。

女性：ジュンスさん、あなた去年、観光学概論取ったでしょ？
男性：うん、取ったけど、なぜ？ 今学期、履修登録するの？
女性：考えてるところなの。あの授業どうだった？ 課題がちょっと面倒らしいね？
男性：ややこしいのはややこしいけどすごく役に立つから、ぜひ受講しなよ。

| 1 | ✕ | 【訳】観光学の授業の課題を提出する。
관광학 개론 들었지？や신청하려고는、履修登録期間中に飛び交う会話です。제출한다とは合いません。 |

| 2 | ✕ | 【訳】受講申し込みを変更する。
생각 중이야と言っています。変更するかどうかは、分かりません。正解は✕です。 |

| 3 | ✕ | 【訳】男性と一緒に授業を聴く。
작년에 들었지？と尋ねています。一緒には受講しません。 |

| 4 | ◯ | 【訳】観光学概論の受講申し込みをする。
도움이 많이 되니까 꼭 들어と言われているので、そうなる可能性が高いです。 |

男性：イム・スヨンさん、新入社員の研修教育の内容、確定しましたか？
女性：はい、ほかの内容は全部確定していまして、社長のご出席だけ最終確認すれば終わりです。
男性：では、秘書室にもう一度確認してみて、記念品も間違いがないようにチェックしてみてください。
女性：わかりました。

| 5 | ◯ | 【訳】秘書室に、社長の参加の如何を確認する。
비서실에 확인해 보고の中身は、사장님の 참석です。それに触れる内容なので、◯が正解です。 |

| 6 | ◯ | 【訳】記念品が期日どおり納品されるか確認する。
기념품도 체크해 봐요と言っているので、これも次の行動として考えられるものです。◯です。 |

| 7 | ✕ | 【訳】新入社員に連絡を取る。
女性の次の行動は、사장님 참석 확인と기념품 체크です。✕が正解です。 |

| 8 | ✕ | 【訳】教育内容を再度点検する。
女性の次の行動は、사장님 참석 확인と기념품 체크です。✕が正解です。 |

次の会話を聞いて、設問に〇か×で答えなさい。　　　　🔊 track014

여자 : 요새 원룸은 잘 되어 있어요. 웬만한 건 다 갖추어져
　　　있고요.

남자 : 학교에서 좀 멀어도 되니까 좀 싼 데로 해 주세요. 저
　　　는 인터넷만 되면 돼요.

여자 : 신축만 아니면 가격은 좀 내려가요. 몇 군데 있으니까
　　　잠시만 기다리세요.

남자 : 네, 부탁드립니다.

問題 1	女性が次にすることは、 비교적 저렴한 원룸을 찾는다. である。
問題 2	女性が次にすることは、 학교에서 가까운 곳을 소개한다. である。
問題 3	女性が次にすることは、 인터넷이 되는 원룸으로 계약한다. である。
問題 4	女性が次にすることは、 새로 지은 곳을 소개한다. である。

次の会話を聞いて、設問に〇か×で答えなさい。　　　　🔊 track015

남자 : 수연아, 너 이번 학기 근로 장학생 신청했어?

여자 : 아니, 이번 학기는 안 해도 될 거 같아서 안 했어.

남자 : 너, 지난 학기에 국제 교류처에서 근로 장학생 했었잖
　　　아. 일 잘한다고 처장님이 또 하라셔.

여자 : 그래? 그럼 내일 가서 신청해야겠다.

問題 5	女性が次にすることは、 이번 학기에는 근로 장학생 신청을 하지 않는다. である。
問題 6	女性が次にすることは、 근로 장학생을 신청하러 국제 교류처에 간다. である。
問題 7	女性が次にすることは、 남자와 같이 근로 장학생을 한다. である。
問題 8	女性が次にすることは、 국제 교류처 처장과 같이 일을 한다. である。

解答・解説

女性：最近のワンルームはしっかりしています。大抵のものはすべて揃っています。

男性：学校から少し遠くてもいいので、ちょっと安いところにしてください。私はインターネットさえつながればいいです。

女性：新築でなければ価格は少し下がります。何ヶ所かあるので、しばらくお待ち下さい。

男性：はい、お願いいたします。

1	○	【訳】比較的安いワンルームを探している。 싼 데로 해 주세요의 의뢰를 받고, 잠시만 기다리세요를 반사를 하고 있습니다. 저렴한 원룸은, ○입니다.
2	×	【訳】学校から近い場所を紹介する。 학교에서 가까운 곳을 찾고 있는 것은 아닙니다. 정답은 ×입니다.
3	×	【訳】インターネットがつながるワンルームを契約する。 계약한다는, 아직 이른 이야기입니다. 다음의 다음 단계입니다. ×입니다.
4	×	【訳】新たに建てた場所を紹介する。 새로 지은 곳을 찾고 있는 것은 아닙니다. 정답은 ×입니다.

男性：スヨンちゃん、今学期の勤労奨学生に申請した？

女性：いいえ、今学期はしなくてもよさそうだからしてないよ。

男性：スヨンちゃん、前学期は国際交流処の勤労奨学生だったでしょ？仕事ができるからって、処長がまたやれって。

女性：そう？じゃ明日行って申請しよう。

5	×	【訳】今学期は勤労奨学生の申請をしない。 最後に、内일 신청해야겠다と言っていることと矛盾します。×です。
6	○	【訳】勤労奨学生の申請をしに国際交流処に行く。 근로 장학생이 회화의 테마で、신청해야겠다と言っているので、○が正解になります。
7	×	【訳】男性と一緒に勤労奨学生になる。 男性が勤労奨学生をやるのかどうかは、分かりません。○にはなりません。
8	×	【訳】国際交流処処長と一緒に仕事をする。 근로 장학생は、学生なので、처장과 함께 仕事をするという話には、無理があります。×です。

次の会話を聞いて、設問に〇か×で答えなさい。　◀» track016

여자 : 고객님, 이 상품은 구입한 지 일주일이 넘었기 때문에 반품이 어렵습니다.

남자 : 바빠서 못 온 것뿐이에요. 영수증도 여기 있잖아요. 왜 안 된다는 거지요?

여자 : 반품이나 환불은 어렵고요 다른 사이즈로 교환을 원하신다면 그것은 해 드릴 수있습니다.

남자 : 그럼 그렇게라도 해 주세요.

問題 1
女性が次にすることは、
다른 상품으로 교환을 해 준다. である。
○○○

問題 2
女性が次にすることは、
반품을 받는다. である。
○○○

問題 3
女性が次にすることは、
고객에게 환불을 한다. である。
○○○

問題 4
女性が次にすることは、
반품이나 환불을 거절한다. である。
○○○

女性：お客様、この商品は購入から一週間が過ぎているので返品できません。

男性：忙しくて来られなかっただけです。領収証もここにあるじゃないですか。なぜできないんですか？

女性：返品や払い戻しはできませんが、他のサイズとの交換をご希望でしたら、それはしてさしあげることができます。

男性：では、それだけでもして下さい。

1　○

【訳】他の商品と交換する。

다른 사이즈로 교환은 해 드릴 수 있습니다と言っているので、○です。

2　×

【訳】返品を受け付ける。

반품이나 환불은 어렵고と言っている内容と矛盾します。×です。

3　×

【訳】お客様に払い戻しをする。

반품이나 환불은 어렵고と言っている内容と矛盾します。×です。

4　×

【訳】返品や払い戻しを断る。

거절한다で終わるわけではありません。그렇게라도 해 주세요と言っているので、対応の必要があります。

■ 듣기③ 内容一致問題 [13〜16] 対応問題

**学習の
ポイント**

　　この形式からは、計4問出題されます。男女の会話や案内、情報提供、インタビュー、告知などの多種多様な内容を音声で紹介し、その内容と一致するものを選択肢から選ぶ問題です。これは、듣기①や②の解き方とは違い、選択肢を先に読んでその内容を事前に把握しておくのが効果的です。音声の内容を聞いた後からでは、内容に対する記憶がどんどん薄れていく中で、選択肢を読んで一致するかどうかを判断しなければならないので、効果的とは言えません。

✎実際の問題形式

※다음을 듣고 내용과 일치하는 것을 고르십시오. 각 2점

　여자 : 연락도 없이 왜 이렇게 늦었어? 한참 기다렸잖아.
　남자 : 응, 미안해. 밧데리가 다 돼서 연락을 못 했어.
　여자 : 무슨 일 있었어? 난 사고라도 난 줄 알았어.
　남자 : 응, 사고가 난 모양이야. 길이 엄청 막히더라고.
---

　① 남자는 사고를 냈다.　　　② 남자는 연락을 했다.
　❸ 여자는 많이 기다렸다.　　④ 여자는 밧데리가 없었다.

※次を聞いて内容と一致するものを選んで下さい。

　女性：連絡もなしになぜこんなに遅れたの? だいぶ待ったわよ。
　男性：うん、ごめん。バッテリーがなくなって連絡出来なかった。
　女性：何かあったの? 私は事故でもあったのかと思ったわ。
　男性：うん、事故があったみたい。道がむちゃくちゃ混んでいた。
---

① 男性は事故を起こした。
② 男性は連絡をした。
❸ 女性はだいぶ待った。
④ 女性はバッテリーを持っていなかった。

1 解法のポイント

　前頁の例題を見ていきましょう。男性が最後に「사고가 난 모양이야」と言っていますが、自分が起こした事故ではありません。①は一致しません。連絡が出来なかったことに対して謝っているので②も一致しません。バッテリーの話は男性がしているので④も一致しません。正解は③になります。「한참」は時間的にだいぶ経っているさまを表す言葉です。

2 最近の出題傾向

　シンプルに、聞いた内容と一致するものを選ぶ問題ですから、聞き取り能力を問う時には、欠かせないタイプの問題です。第64回からは、履修登録の話をする男女2人の大学生の話、マンションの住民にちょっとした夏祭りの案内をする案内放送、地下鉄駅内で発生した停電事故を伝えるニュース、木の病気を治療する男性とのインタビューなどが問題内容として使われました。このブロックから出題される問題は、ほぼ毎回パターンが決められていて、今回も従来のパターンにほぼ沿う形で出題されています。

次を聞いて、設問に〇か×で答えなさい。　　　　　　　　　◀》 track017

女子 : 거기 페리카나죠? 여기 한국빌라 105호인데요. 반반치
　　　킨 두 개 갖다주세요.

남자 : 전화번호 말씀해 주시겠어요? 그리고 반반치킨 두 개면
　　　후라이드 하나, 양념치킨 하나를 따로 갖다드릴까요?

여자 : 아뇨, 반반치킨을 두 개 갖다주세요. 전화번호는 공일공
　　　에 일이삼사에 오륙칠팔이에요. 카드로 결제할 거예요.

남자 : 네, 감사합니다.

問題 1	반반치킨은 후라이드와 양념이 각각 반반인 것을 말한다. は、本文の内容と一致します。
問題 2	남자는 후라이드와 양념치킨을 따로 가지고 간다. は、本文の内容と一致します。
問題 3	여자는 카드로 치킨값을 치른다. は、本文の内容と一致します。
問題 4	여자는 치킨을 시켜 먹으려고 하고 있다. は、本文の内容と一致します。

次を聞いて、設問に〇か×で答えなさい。　　　　　　　　　◀》 track018

여자 : 여보세요? 거기 119죠? 여기 한국대학 앞 사거리인데
　　　요. 교통사고가 났어요.

남자 : 어디 다치신 데는 없습니까? 전화하시는 분은 누구시
　　　죠?

여자 : 저는 지나가던 사람이고요. 차가 두 대 크게 부서졌고
　　　사람이 안에 갇혀 있어요.

남자 : 안에 갇혀 있는 분은 몇 분인가요?

問題 5	여자는 교통사고를 당하여 차 안에 있다. は、本文の内容と一致します。
問題 6	여자는 한국대학에 다니는 학생이다. は、本文の内容と一致します。
問題 7	남자는 교통사고 현장에 나가 있다. は、本文の内容と一致します。
問題 8	남자는 사고 상황에 대하여 잘 알고 있다. は、本文の内容と一致します。

解答・解説

女性：そちらはペリカーナですよね？ こちら韓国ヴィラ105号なんですが、半々チキンを2つお願いします (届けて下さい)。
男性：電話番号をおっしゃっていただけますか？ それから、半々チキン2つなら、フライドチキン1つと薬味だれチキン1つを別々にお持ちしましょうか？
女性：いいえ、半々チキンを2つお願いします。電話番号は010-1234-5678です。カードでお支払いします。
男性：はい、ありがとうございます。

1　○
【訳】半々チキンは、フライドチキンと薬味だれのチキンがそれぞれ半々のものを指す。
店員の発言に반반치킨 두 개면 후라이드 하나 양념치킨 하나と言っていることと合っています。○です。

2　×
【訳】男性はフライドと薬味だれチキンを別々に持っていく。
따로ではなく、반반치킨을 갖다주세요を言っています。×です。

3　○
【訳】女性はカードでチキン代を払う。
카드로 결제할 거예요と言っている内容と一致します。○です。

4　○
【訳】女性はチキンの出前を取ろうとしている。
会話は、出前を頼んでいるお客さんと店員とのやり取りなので、一致します。○です。

女性：もしもし？ そちら119番ですか？ ここは韓国大学前の交差点なんですが。交通事故が起きました。
男性：どこかお怪我をなさった所はないですか？ 電話している方はどなたですか？
女性：私は通りがかっていた者です。車が2台ひどく壊れて、人が中に閉じ込められています。
男性：中に閉じ込められている方は何人ですか？

5　×
【訳】女性は交通事故に遭って車の中にいる。
저는 지나가던 사람이고요と言っている内容と矛盾します。×です。

6　×
【訳】女性は韓国大学に通う学生だ。
지나가던 사람と言っているだけなので、한국대학 学生かどうかは、分かりません。○になりません。

7　×
【訳】男性は交通事故現場に行っている。
안에 갇혀 있는 분은 몇 분인가요?と現場の状況を聞いているので、現場にいません。×です。

8　×
【訳】男性は事故の状況についてよく知っている。
안에 갇혀 있는 분은 몇 분인가요?などと、現場の状況を聞いているので、分かっていません。×です。

次を聞いて、設問に〇か×で答えなさい。　📢)) track019

　단지 내 쓰레기 수거에 대하여 안내 말씀드립니다. 최근에 음식물 쓰레기를 분리배출하지 않고 일반 쓰레기와 함께 버리는 사례가 늘어나 많은 불편을 끼치고 있습니다. 음식물 쓰레기는 반드시 음식물 전용 봉투에 넣어 버려 주시고 일반 쓰레기는 종량 제 봉투를 이용해 주시기 바랍니다.

問題
1　음식물 쓰레기는 따로 버려야 한다.
は、本文の内容と一致します。

問題
2　음식물 쓰레기를 버리는 봉투는 따로 있다.
は、本文の内容と一致します。

問題
3　일반 쓰레기와 음식물 쓰레기는 같이 버려야 한다.
は、本文の内容と一致します。

問題
4　종량 제 봉투에는 일반 쓰레기만 담는다.
は、本文の内容と一致します。

次を聞いて、設問に〇か×で答えなさい。　📢)) track020

　어제 내린 많은 눈으로 오늘 전국 각지에서 각종 사고가 발생했습니다. 오늘은 어제보다 기온이 더 떨어질 것으로 예상되어 오늘 밤부터 내일 새벽까지 특히 빙판길 사고에 주의하여야 하겠습니다. 평소보다 속도를 늦추어 운전하고 앞차와의 거리를 충분히 확보하여 제이, 제삼의 사고가 일어나지 않도록 미연에 방지하여야 하겠습니다.

問題
5　오늘 전국 각지에서 사고가 많이 일어났다.
は、本文の内容と一致します。

問題
6　오늘은 어제보다 다소 날씨가 풀릴 것으로 예상된다.
は、本文の内容と一致します。

問題
7　날씨가 추워지면 특히 빙판길 사고에 주의하여야 한다. は、本文の内容と一致します。

問題
8　날씨가 추워지면 특히 차간 거리에 주의하여야 한다.
は、本文の内容と一致します。

団地内のゴミの回収についてご案内いたします。最近、生（食べ物）のゴミを分別せず、一般ゴミと一緒に出す事例が増えて多くの迷惑をかけています。生ゴミは必ず生ゴミ専用の袋に入れてお捨てになり、一般ゴミは従量制袋をご利用くださいますよう、お願いします。

1　○　【訳】生ゴミは別に捨てなければならない。
음식물 전용 봉투와 말하고 있으므로, 따로 버려야 한다가 되어버립니다. ○です。

2　○　【訳】生ゴミを捨てる袋は別にある。
음식물 전용 봉투와 말하고 있으므로, 봉투는 따로 있다에 해당합니다. ○です。

3　×　【訳】一般ゴミと生ゴミは一緒に捨てなければならない。
많은 불편을 끼치고 있습니다 라고 말하고 있으므로, 分別しなければなりません。×です。

4　○　【訳】従量制袋には一般ゴミだけを入れる。
일반 쓰레기는 종량제 봉투를 이용이라고 말하고 있으므로, ○になります。

昨日降った大雪のため、今日は全国各地で各種事故が発生しました。今日は昨日より気温がさらに下がることが予想され、今夜から明日早朝までは特にアイスバーンによる事故に注意しなければならないでしょう。いつもよりスピードを落として運転し、前の車との距離を十分確保することで、第2、第3の事故が起こらないよう未然防止に努めなければならないでしょう。

5　○　【訳】今日は全国各地で事故がたくさん起きた。
전국 각지에서 각종 사고가 발생이라고 말하고 있는 내용과 一致します。○です。

6　×　【訳】今日は昨日より多少天気が（寒さが）和らぐと予想される。
기온이 더 떨어질 것으로와 날씨가 풀릴 것으로는, 真逆の話です。×です。

7　○　【訳】天気が寒くなると、とくにアイスバーン事故に注意しなければならない。
기온이 떨어질 것으로 예상에 , 특히 빙판길 사고에 주의가 続くので、○になります。

8　×　【訳】天気が寒くなると、とくに車間距離に注意しなければならない。
날씨가 앞차와의 거리에, 直接影響をするわけではありません。答えは×です。

次を聞いて、設問に○か×で答えなさい。　　　　　◀» track021

女子 : 돌고래가 높은 지능을 가지고 있다고 하는데요?

남자 : 예, 맞습니다. 돌고래의 지능은 침팬지나 원숭이보다
　　　　훨씬 높습니다. 돌고래 아이큐가 보통 80 정도 된다고
　　　　보기 때문에 사람에 비해서도 그렇게 많이 떨어지는
　　　　편이 아닙니다. 돌고래는 초음파를 이용해서 대화를
　　　　하는데 최근에는 돌고래들이 서로를 이름으로 부른다
　　　　는 연구도 나왔습니다.

問題 1	돌고래는 침팬지나 원숭이보다 지능이 낮다. は、本文の内容と一致します。
問題 2	돌고래는 초음파로 의사소통을 한다. は、本文の内容と一致します。
問題 3	돌고래는 사람보다 아이큐가 훨씬 낮다. は、本文の内容と一致します。
問題 4	돌고래는 자신들만의 언어를 가지고 있다. は、本文の内容と一致します。

次を聞いて、設問に○か×で答えなさい。　　　　　◀» track022

여자 : 요새 캠핑장에 얌체 캠핑족들이 늘고 있다는 이야기가
　　　　있습니다. 무슨 일입니까?

남자 : 네, 평일에 미리 자리를 잡아 놓고 주말에만 이용하는
　　　　일명 정박 텐트 때문에 골치를 앓는 가족 휴양지가 늘
　　　　어나고 있습니다. 이 정박텐트는 짧게는 일주일에서
　　　　길게는 한 달 가까이 계속 쳐져 있는 경우가 있는데요.
　　　　좋은 장소를 자기만 차지하고 즐기려는 양심 없는 사
　　　　람들 때문에 불만이 커지고 있습니다.

問題 5	자연을 독차지하려는 몰상식한 사람들이 있다. は、本文の内容と一致します。
問題 6	자기밖에 모르는 이기주의적인 사람들이 문제다. は、本文の内容と一致します。
問題 7	캠핑장의 텐트는 쳐 놓으면 한 달간 사용할 수 있다. は、本文の内容と一致します。
問題 8	쳐 놓은 채 방치하는 텐트는 철거할 수 있다. は、本文の内容と一致します。

解答・解説

女性：イルカは高い知能を持っていると言われていますが？
男性：はい、そのとおりです。イルカの知能はチンパンジーやサルよりはるかに高いです。イルカのＩＱがふつう80くらいだと見られるので、人間に比べてもそれほど劣りません（劣るほうではないです）。イルカは超音波を利用して会話をしますが、最近ではイルカが互いを名前で呼ぶという研究もあります。

1 ◯ 【訳】イルカはチンパンジーやサルより知能が優れている。
지능이 낮다와 지능이 낫다는, 같은 발음이나 의미가 완전히 다릅니다. 낫다는, 「優れている」という意味です。◯です。

2 ◯ 【訳】イルカは超音波で意思疎通をする。
초음파를 이용해서 대화를 하는데と言っている内容と一致します。◯です。

3 ✕ 【訳】イルカは人間よりＩＱがはるかに低い。
사람에 비해서도 그렇게 많이 떨어지는 편이 아닙니다と言っていることと矛盾します。✕です。

4 ✕ 【訳】イルカは自分たちだけの言語を持っている。
언어のことをどう判断するかですが、人間のものと考えるのであれば、✕です。

女性：最近キャンプ場に、「ちゃっかりキャンプ族」が増えているという話があります。どういうことですか？
男性：はい、平日にあらかじめ場所を取っておいて週末にだけ利用する、別名停泊テントのせいで、頭を悩ませているファミリーリゾート地が増えています。この停泊テントは、短くは1週間から長くは1ヶ月近く、ずっと張られている場合があります。良い場所を自分だけが独り占めをし、楽しもうというマナー違反の人々のせいで、不満が広がっています。

5 ◯ 【訳】自然を独り占めしようとする非常識な人々がいる。
좋은 장소를 자기만 차지하고と言っている内容と一致すると見て、◯でいいと思います。

6 ◯ 【訳】自分しか知らない利己主義的な人々が問題だ。
자기만 차지하고 는、자기밖에 모르는 이기주의적인 사람의ことなので、◯です。

7 ✕ 【訳】キャンプ場のテントは張っておけば1ヶ月間使用できる。
이것을 하는 것은、양심 없는 사람（良心のかけらもない人たち）のことです。✕です。

8 ✕ 【訳】張ったまま放置しているテントは撤去できる。
철거할 수 있다が成立すれば、골치를 앓는 휴양지もなくなります。✕です。

次を聞いて、設問に〇か×で答えなさい。　　　　　　　　　◀» track023

　올해 하반기 수출 실적이 상반기에 비해 7% 정도 늘어날 것으로 예측된다고 오늘 재정 경제부가 밝혔습니다. 이는 작년도 동기보다 약 1.5% 늘어난 것으로 3년 만에 다시 증가세로 돌아섰습니다. 반도체와 자동차의 수출이 계속해서 호조를 보이는 가운데 초대형 LNG선의 연내 인도 등이 겹쳐 이와 같은 증가세를 나타낸 것으로 보입니다.

問題
1
○○○

초대형 LNG선이 연내에 인도됩니다.

は、本文の内容と一致します。

問題
2
○○○

상반기보다 하반기 수출 실적이 좋습니다.

は、本文の内容と一致します。

問題
3
○○○

작년까지 하반기 수출 실적이 감소세였습니다.

は、本文の内容と一致します。

問題
4
○○○

반도체와 자동차의 수출이 대폭 줄어들었다.

は、本文の内容と一致します。

今年下半期の輸出実績が上半期に比べて7%程度伸びることが予測されると、今日、財政経済部が明かしました。これは昨年度の同じ時期より約1.5%増えたもので、3年ぶりに再び増加傾向へと転じました。半導体と自動車の輸出が引き続き好調を見せる中、超大型LNGの年内引き渡しなどが重なり、このような増加傾向が現れたものと思われます。

1 ○

【訳】超大型LNG船が年内に引き渡されます。

초대형 LNG선의 연내 인도와 말하고 있는 내용과 일치하므로, ○です。

2 ○

【訳】上半期より下半期の輸出実績がいいです。

상반기에 비해 7% 정도 늘어날 것과 말하고 있는 내용과 일치하므로、○です。

3 ○

【訳】昨年まで下半期の輸出実績は減少傾向でした。

3년 만에 다시 증가세로 돌아섰습니다と言っているから、昨年まで減少していたということです。○です。

4 ×

【訳】半導体と自動車の輸出が大幅に減りました。

계속해서 호조를 보이는 가운데と言っていることと矛盾します。×です。

■ 듣기④ もっとも言いたいことを選ぶ問題 [17〜20] 対応問題

学習の ポイント

この形式からは計4問出題されます。男女の会話や案内、情報提供、インタビュー、告知などの多種多様な内容を聞いて、男性または女性がもっとも言いたがっているのは何かを選択肢から選ぶ問題です。もっとも言いたいことを選ぶ問題ですから、一番のポイントは音声内容をじっくり聞くことです。音声を聞きながら何が一番言いたいのかをまとめ、その内容を選択肢から選ぶというやり方が効果的です。選択肢はひじょうにまぎらわしく、内容に合っているものも入っています。その中から選ぶのはもっとも言いたいこと1つだけです。従って選択肢を先に読んでしまうと、混乱する恐れがあります。

✎実際の問題形式

※다음을 듣고 남자의 중심 생각을 고르십시오. 각 2점

여자 : 요즘 다들 건강 생각해서 운동한다던데 너는 안 하니?
남자 : 난 안 해. 잘 먹고 잘 자고 적당히 잘 쉬고 가끔씩 산이나
　　　바다에 가서 좋은 공기 쐬면 되지, 꼭 운동해야 건강하니?
　　　난 그렇게 생각 안 해.
여자 : 그거야 그렇지만 그래도 운동하는 사람들 보면 보기 좋잖아.
---

① 잘 먹고 잘 쉬고 잘 자야 건강해진다.
② 산이나 바다의 신선한 공기는 건강에 좋다.
❸ 운동을 해야만 건강이 주어지는 것은 아니다.
④ 건강을 위해 운동을 하는 사람은 보기 좋다.

※次を聞いて男性の中心となる考えを選んで下さい。

女性：最近みんな健康のことを考えて運動をするらしいんだけど、あなたはやらな
いの？
男性：俺はやらない。よく食べてよく寝て適度に休み、時々山や海に行って、いい
空気に当たればいいものを。運動しないと健康にならないわけ？ 俺はそうは
思わない。
女性：それはそうだけど、でも運動をしている人たちを見るとよさそうに見えるじ
ゃない。

---

① よく食べてよく休んでよく寝ると健康になる。
② 山や海の新鮮な空気は健康にいい。
❸ 運動さえすれば健康が与えられるということではない。
④ 健康のために運動をする人はよさそうに見える。

1 解法のポイント

　前頁の例題を見ていきましょう。①も②も④もすべて一般的に言え
ることです。しかし男性は一般的に言われている「運動＝健康」という
図式に対して自分はそうは思わないと言い、暗にそのようなことをす
る人を批判的な目で見ています。従って正解は③になります。男性の話
の中に出てくる「꼭 운동해야 하니?」を聞き取れるかどうかがポイン
トとなります。

2 最近の出題傾向

　TOPIK Ⅱは、このブロックの問題から次第に難しくなります。問題
に書いてある중심 생각とは、発言のポイントは何かということです。
会話内容と合っているどうかではありません。合っていたとしても、중
심 생각になるとは限らないからです。第64回からは、自分でやるヨ
ガに限界を感じ、スクールに通ってしっかり習いたいと考えている男
性の話、なかなか自分の意見を言おうとしない女性に、自分の考えを
しっかり言わなければならないとアドバイスをする男性の話、変わっ
たデザインの名刺を見て自分の感想を述べる男性の話、イベントを手
掛ける男性がイベント企画の注意点を述べる話などが問題内容として
使われました。

次を聞いて、設問に○か×で答えなさい。　　　　　　　◀》 track024

女子 : 좋은 연구를 하려면 어떤 것이 중요하다고 생각하십니까?

남자 : 자신이 하려는 연구가 좋은지 나쁜지 그걸 연구자가 알 수는 없는 거 아닌가요? 좋은 연구인지 아닌지는 연구의 결과물을 어떻게 활용하느냐는 활용의 문제라는 생각이 듭니다. 선한 목적이라면 좋은 연구가 되겠지만 악한 목적이라면 오히려 독이 되기 때문이지요.

問題 1	男性がもっとも言いたいことは、 연구자는 다만 연구를 할 뿐이다. である。
問題 2	男性がもっとも言いたいことは、 연구자가 결과에 대한 책임까지 질 수는 없다. である。
問題 3	男性がもっとも言いたいことは、연구자도 자신이 하는 연구의 결말을 알아야 한다. である。
問題 4	男性がもっとも言いたいことは、 연구자는 연구의 선악을 결정하지 않는다. である。

次を聞いて、設問に○か×で答えなさい。　　　　　　　◀》 track025

남자 : 아까 왜 아무 말도 안 했어? 그 계획 잘못된 거 너도 알잖아.

여자 : 나까지 그런 이야기하면 그 사람을 너무 몰아 부치는 것 같아서.

남자 : 아니지, 오히려 정확하게 말해 주는 게 그 사람을 위한 거지.

問題 5	男性がもっとも言いたいことは、 사실대로 말해 주는 것이 좋다. である。
問題 6	男性がもっとも言いたいことは、 아무 말도 안 하는 것은 바람직하지 않다. である。
問題 7	男性がもっとも言いたいことは、 잘못된 계획은 바로잡아야 한다. である。
問題 8	男性がもっとも言いたいことは、 그 사람을 위한다면 몰아 부쳐야 한다. である。

解答・解説

女性：良い研究をするには、どのようなことが重要だと思われますか？
男性：自分がしようとする研究が良いのか悪いのか、それが研究者に分かることはできないのではないでしょうか？ 良い研究なのか否かは、研究の結果（物）をどのように活用するのかという、活用の問題なのだと思います。善き目的ならば良い研究となりますが、悪しき目的ならばむしろ毒になるからです。

1	○	**【訳】研究者はただ研究をするだけだ。** 研究者は研究をするのみという意味なので、これが全体の話を1文にまとめたものとなります。○です。
2	×	**【訳】研究者が結果に対する責任まで負うことはできない。** 研究結果に対する責任まで負うことができないという話は、一部の話で、もっとも言いたいことではありません。
3	×	**【訳】研究者も自分が進める研究の結末を知らなければならない。** もしかするとその必要もあるかもしれませんが、この会話で一番言いたいことではありません。×です。
4	×	**【訳】研究者は研究の善悪を決めたりしない。** 선악을 결정하지 않는다는, 확かにその通りですが、もっとも言いたいことかといったら、違います。

男性：さっきはどうして何も言わなかったの？ あの計画が間違っていることは君も分かっているじゃないか。
女性：私までそんなことを言ったら、あの人をあまりにも追い込んでしまうようで。
男性：いや、むしろはっきり言ってあげるほうがあの人のためだよ。

5	×	**【訳】事実のとおり言ってあげるのがいい。** 아무 말도 안 하는 거는, 좋지 않다, 정확하게 말해 주는 거가 いいと言っています。○になりません。
6	○	**【訳】何も言わないのは望ましくない。** 정확하게 말해 주는 게 그 사람을 위한 거と言っています。これがもっとも言いたいことです。
7	×	**【訳】間違った計画は正さなければならない。** 確かにその通りですが、これは話のネタになっているだけです。もっとも言いたいことではありません。
8	×	**【訳】彼（彼女）のため追い込まなければならない。** 몰아 부치다는, 責め立てるという意味なので、もっとも言いたいことにはなりません。×です。

次を聞いて、設問に〇か×で答えなさい。 ◀》 track026

남자 : 요새 스윙이 부쩍 좋아졌어.

여자 : 그래? 좋겠네. 무슨 이유라도 있어?

남자 : 얼마 전에 같이 친 사람이 코치를 해 줬거든. 역시 사
람 말을 귀 담아 들을 필요가 있어.

問題
1
○○○
男性がもっとも言いたいことは、
스윙은 다른 사람이 고쳐 줘야 한다. である。

問題
2
○○○
男性がもっとも言いたいことは、
골프를 잘 치려면 레슨을 받아야 한다. である。

問題
3
○○○
男性がもっとも言いたいことは、
얼마 전에 코치와 같이 골프를 쳤다. である。

問題
4
○○○
男性がもっとも言いたいことは、
다른 사람의 의견을 들어야 한다. である。

次を聞いて、設問に〇か×で答えなさい。 ◀》 track027

여자 : 이 그림은 좀 어설프다는 느낌이 드는데 어떻게 할까요?

남자 : 초등학교 1학년이니까 저는 괜찮을 것 같은데요.

여자 : 4학년 그림하고 너무 차이가 나서요.

남자 : 그렇긴 한데 그 나이 기준에서 보면 괜찮겠다 싶어요.

問題
5
○○○
男性がもっとも言いたいことは、
그림은 얼마나 잘 그렸는가로 평가해야 한다. である。

問題
6
○○○
男性がもっとも言いたいことは、
그림은 다소 서툴러도 표현이 뛰어나면 괜찮다. である。

問題
7
○○○
男性がもっとも言いたいことは、
그림은 그린 아이 연령에 맞추어 평가해야 한다. である。

問題
8
○○○
男性がもっとも言いたいことは、
그림은 투박한 것이 오히려 좋은 느낌을 준다. である。

解答・解説

男性：最近スイングがぐっと良くなったんだ。
女性：そう？ いいわね。何か理由でもあるの？
男性：この前、一緒に回った人がコーチしてくれたんだ。やっぱり人の言うことをよく聞く必要があるね。

1 ✕ 【訳】スイングは他人が直してあげなければならない。
最後に言っている人の 말을 귀담아들을 필요가 있어가 もっとも言いたいことです。✕です。

2 ✕ 【訳】ゴルフがうまくなるにはレッスンを受けなければならない。
사람 말을 귀담아듣는 것과 레슨을 받아야 한다とは、発言の趣旨が違います。✕です。

3 ✕ 【訳】この前コーチと一緒にゴルフをした。
같이 친 사람이 코치를 해と言っています。コーチと回ったわけではありません。

4 ◯ 【訳】他の人の意見を聞かなければならない。
사람 말을 귀담아들을 필요と言っていることと内容的に一緒です。これがもっとも言いたいことです。

女性：この絵は少し雑で上手でない感じがしますが、どうしましょうか？
男性：小学１年生なので私はいいと（大丈夫だと）思いますが。
女性：４年生の絵と、あまりにも差がありますから。
男性：それはそうですが、この年齢からすれば（見れば）いいのではないかと思います。

5 ✕ 【訳】絵をどれだけうまく描いたかで評価しなければならない。
最後に言っている그 나이 기준에서 보면 괜찮겠다がもっとも言いたいことです。얼마나 잘 그렸는가は✕です。

6 ✕ 【訳】絵は多少下手でも（拙くても）表現が優れていればいい。
표현이 뛰어나면 괜찮다という話を強調しているわけではありません。それは評価の一部だからです。

7 ◯ 【訳】絵は、描いた子どもの年齢に合わせて評価しなければならない。
나이 기준에서 보면 괜찮겠다と内容的に一致するので、これがもっとも言いたいこととなります。

8 ✕ 【訳】絵は、粗削りのほうがむしろ良い感じを与える。
투박한 것이 오히려 좋은 느낌は、評価の仕方です。それを強調しているのではありません。

次を聞いて、設問に〇か×で答えなさい。　🔊 track028

여자 : 대리님, 이번 승진에도 누락되셨죠?

남자 : 네, 그런 모양이네요. 이유를 잘 모르겠어요.

여자 : 줄을 잘못 서신 거 아니에요? 이번 인사에 승진한 분들 다 전무님 라인이라는 설이 있어요.

남자 : 회사가 라인으로 인사를 하면 어떻게 합니까? 저는 그런 소문 믿고 싶지 않습니다.

問題 1	男性がもっとも言いたいことは、 인사를 라인으로 결정하는 것은 옳지 않다. である。
問題 2	男性がもっとも言いたいことは、 출세하려면 라인을 잘 잡아야 한다. である。
問題 3	男性がもっとも言いたいことは、 인사는 공평하게 이루어져야 한다. である。
問題 4	男性がもっとも言いたいことは、 승진에 누락된 것은 전무 때문이다. である。

次を聞いて、設問に〇か×で答えなさい。　🔊 track029

여자 : 지프를 타고 사바나 초원을 질주한다, 멋있지 않아?

남자 : 낭만이지. 누구나 다 한번쯤은 가 보고 싶어 하는.

여자 : 사자, 얼룩말, 하이에나, 코끼리. 내 눈앞에 있으면 어떤 느낌이 들까?

남자 : 난 그냥 광대한 자연의 작은 일부가 한번 되어 봤으면 좋겠어.

問題 5	男性がもっとも言いたいことは、 아프리카 초원을 달려 보고 싶다. である。
問題 6	男性がもっとも言いたいことは、 자연을 몸으로 느껴 보고 싶다. である。
問題 7	男性がもっとも言いたいことは、 동물들을 생으로 봤으면 좋겠다. である。
問題 8	男性がもっとも言いたいことは、 아프리카에서 낭만을 즐기고 싶다. である。

> 女性：代理、今回の昇進からも外れましたよね？
> 男性：はい、そのようですね。理由がよくわかりません。
> 女性：並ぶべき列（上司）を誤ったのではありませんか？ 今回の人事で昇進された々々は皆、専務のラインだという説があります。
> 男性：会社がラインで人事をしたらどうするんですか？ 私はそんな噂を信じたくありません。

1	○	【訳】人事をラインで決定するのは良くない（正しくない）。
		라인으로 인사를 하면 어떻게 합니까? は、異議を唱える言い方です。これがもっとも言いたいことです。

2	×	【訳】出世しようと思うなら、乗るラインを賢く選ぶべきだ。
		言いたいことと反対の内容です。×です。

3	×	【訳】人事は公平に行わなければならない。
		確かにその通りですが、問題になっているのは、情実人事のことです。人事の原則ではありません。

4	×	【訳】昇進から外れたのは専務のせいだ。
		그런 소문と一蹴しています。×です。

> 女性：ジープに乗ってサバンナの草原を疾走する、素敵じゃない？
> 男性：ロマンだよね。誰もが一度くらいは行ってみたいと思う…
> 女性：ライオン、シマウマ、ハイエナ、ゾウ。私の目の前にいたらどんな感じかしら？
> 男性：ぼくはただ、広大な自然の小さな一部に一度なりたいな。

5	×	【訳】アフリカの草原を走ってみたい。
		자연의 작은 일부가 되어 봤으면 좋겠어が男性のもっとも言いたいことです。달려 보고 싶다ではありません。

6	○	【訳】自然を体中で感じてみたい。
		자연을 몸으로 느껴 보고 싶다ですから、자연의 작은 일부と言っていいと思います。○です。

7	×	【訳】動物たちを生で見てみたい（見られたらいい）。
		これは、女性が経験したいことです。×です。

8	×	【訳】アフリカでロマンを感じたい（楽しみたい）。
		낭만을 즐기고 싶다は、女性がやりたいことです。男性ではありません。×です。

次を聞いて、設問に〇か×で答えなさい。　　　　　■» track030

여자 : 오늘은 빨리 나갈 수 있을까요?

남자 : 그러게요. 빨리 나가야 제시간에 KTX를 탈 텐데.

여자 : 외국 왔다 갔다 할 때 제일 싫은 게 출입국 수속 같아요.

남자 : 맞아요. 나도 그래요. 사람이 몰리면 심사관을 늘려 준
다든지 좀 탄력적으로 대응해 줬으면 좋겠어요.

問題
1
〇〇〇

男性がもっとも言いたいことは、

공항은 빨리 빠져나가는 게 좋다. である。

問題
2
〇〇〇

男性がもっとも言いたいことは、

출입국 심사에 시간이 걸리는 것은 당연하다. である。

問題
3
〇〇〇

男性がもっとも言いたいことは、

출입국 수속에 걸리는 시간이 짧아졌으면 좋겠다.
である。

問題
4
〇〇〇

男性がもっとも言いたいことは、

출입국 심사관 숫자를 더 늘려야 한다. である。

女性：今日は早く出られますか？
男性：そうですね。早く出ないと時間どおりKTXに乗れないのに。
女性：海外に行ったり来たりする時いちばん嫌なのが、出入国手続きだ
　　　と思います。
男性：そのとおりです。私もそうです。混んできたら、審査官を増やして
　　　くれるとか、ちょっと弾力的に対応してくれたらいいですよね。

1	✕	【訳】空港は早く抜け出したほうがいい。 誰しもが願うことですが、これがもっとも言いたいことかといったら、違います。
2	✕	【訳】出入国審査に時間がかかるのは当然だ。 제일 싫은 게 출입국 수속이라는 여성의 말에 동조하고 있습니다. 당연하다를 주장하고 있는 것은 아닙니다.
3	◯	【訳】出入国手続きにかかる時間が短くなったらいい。 심사관을 늘린다나 탄력적으로 대응한다는, 時短の方法です。これがもっとも言いたいことです。
4	✕	【訳】出入国審査官の数をもっと増やさなければならない。 審査官の数を増やすべきと主張しているのではありません。時間短縮がポイントです。

■ 듣기⑤ 長文問題 [21〜50] 対応問題

学習の
ポイント

　この形式では、2問がセットになったタイプの問題です。7セット計14問の問題が出題されます。その内容ですが、男女の会話や案内、情報提供、インタビュー、告知、論文、演説などの多種多様な内容を音声で紹介し、①男性または女性がもっとも言いたがっていることは何か、②男性または女性が何をしているのか、③男性はなぜ女性にそのようなことを言っているのか、④男性は誰なのか、⑤男性の考えとしてもっとも適切なことは何か、⑥何についての内容なのか、などの質問1問と、音声の内容と一致するものを選ぶ1問の計2問で構成されます。問題の解き方ですが、先にすべて選択肢に先に目を通し、それから音声を聞く方法を取って下さい。

✎実際の問題形式

※다음을 듣고 물음에 답하십시오. 각 2점

여자 : 이세진 씨, 내년도 우리 회사 달력은 어떻게 하는 게 좋을까요? 그냥 올해하고 똑같이 만들까요?

남자 : 글쎄요. 올해는 올해고 내년은 내년이니까 좀 새로운 걸로 만들어 보는 것도 좋을 것 같은데요. 수첩이 있기는 하지만 저는 달력에 스케줄을 메모하는 습관이 있어서 메모를 할 수 있는 타입이 좋아요.

여자 : 그래요? 그럼 내년 것은 그렇게 할까?

남자 : 그건 제 생각이니까요. 다른 분들한테도 물어보시지요.

---

21. 남자의 중심 생각으로 알맞은 것을 고르십시오.
　　① 달력은 매년 똑같은 것이 좋다.
　　② 달력은 메모를 할 수 있는 것이 좋다.
　　❸ 이제까지의 습관을 꼭 답습할 필요는 없다.
　　④ 여러 사람의 의견을 들어 봐야 한다.

22. 들은 내용으로 맞는 것을 고르십시오.
　　① 내년에는 새로 수첩을 제작할 예정이다.
　　② 내년 달력은 올해 것과 똑같다.
　　❸ 우리 회사는 달력을 매년 만든다.
　　④ 달력에 스케줄을 쓰거나 하면 안 된다.

※次を聞いて質問に答えて下さい。

> 女性：イ・セジンさん、来年度のうちの会社のカレンダーはどうした方
> 　　　がいいと思いますか？ 今年と同じ形にしましょうか？
> 男性：そうですね。今年は今年で来年は来年だから、新しいものにして
> 　　　みるのもよさそうですね。手帳があるにはありますが、私はカレ
> 　　　ンダーにスケジュールをメモする習慣があるので、メモが出来る
> 　　　タイプがいいですね。
> 女性：そうですか。じゃ来年のものはそうしようかな。
> 男性：それは私の考えですから。他の方たちにも聞いてみたらどうです
> 　　　か？

25. 男性の中心的な考えとして適切なものを選んで下さい。
　　① カレンダーは毎年同じスタイルのものがいい。
　　② カレンダーはメモが出来るタイプがいい。
　　❸ 今までの習慣を必ずしも踏襲する必要はない。
　　④ いろいろな人の意見を聞いてみなければならない。

26. 聞いた内容として適切なものを選んで下さい。

　　① 来年は新しく手帳を制作する予定だ。
　　② 来年のカレンダーは今年のものと同じだ。
　　❸ うちの会社はカレンダーを毎年作っている。
　　④ カレンダーにスケジュールを書いたりしてはいけない。

1　解法のポイント

　例題21.を見てみましょう。①は「올해하고 똑같이 만들까요?⇒글쎄요」という発言内容と一致しません。②と④は確かにそのようなことを言っていますが、両方とも部分的な話に過ぎません。③は「답습하다 (踏襲する)」が分かるかがポイントですが、男性の「올해는 올해고 내년은 내년이니까」という言い方から、慣例にこだわる必要はないと言いたい男性の気持ちを察することが出来るので、正解は③になります。

　次に22.を見ていきましょう。来年手帳を作るという話はありませんので①は間違いです。カレンダーのデザインをどうするかは未定です。②も内容と合っていません。④は男性の話と一致しません。③が正解になります。

2 最近の出題傾向

　ここから最後までは、会話が長くなったことと、1つの会話から複数の問題がセットで出ることが違うだけで、傾向や対策としては、今までと変わりません。第64回からは、男女2人のホテルの従業員が、自分たちの勤めるホテルのお客様から寄せられる感想をいかに増やしていくかを話し合う内容、消防服をリサイクルし、カバンを作った大学生の話、育児休暇の話、電子書籍購読サービスの話、大学在校生のための創業サポート事業の話、飛行機が着陸する時の飛行機タイヤの話、子役俳優出身の名俳優の死の話、虫歯や歯茎の疾患の話、国外に流出した文化財の話などが問題として使われました。

次を聞いて、設問に○か×で答えなさい。　　　　　　◀» track031

남자 : 한국 드라마에 푹 빠졌나 봐요? 그렇게 한국 드라마가
　　　재미있습니까? 일본 드라마하고 뭐가 달라서 그렇게
　　　매일 보세요?

여자 : 재미있으니까 매일 보지요. 이게 뭐 단순히 한국 남자
　　　들이 멋있다든가 그런 게 아니에요. 드라마 자체가 정
　　　말 재미있어요.

남자 : 그러니까 뭐가 그렇게 재미있느냐고요. 다 똑같은 거
　　　아니에요?

여자 : 달라요. 다르니까 푹 빠지지요. 일단 연기들을 정말 잘
　　　해요.

問題 1	男性がもっとも言いたいことは、한국 드라마가 재미있다고 하는 이유를 잘 모르겠다. である。
問題 2	男性がもっとも言いたいことは、좀 색다른 드라마를 보고 싶어 할 뿐이다. である。
問題 3	男性がもっとも言いたいことは、그래 봐야 드라마는 다 거기서 거기라고 생각한다. である。
問題 4	男性がもっとも言いたいことは、드라마 내용보다 배우에 관심이 있어서 본다고 생각한다. である。
問題 5	여자는 한국 드라마의 열성적인 팬이다. は、本文の内容と一致している。
問題 6	남자는 한국 드라마를 거의 매일 본다. は、本文の内容と一致している。
問題 7	여자는 한국 드라마의 질을 높이 평가한다. は、本文の内容と一致している。
問題 8	남자는 드라마는 다 똑같다고 생각한다. は、本文の内容と一致している。

> 男性：韓国ドラマにどっぷりはまったようですね？ そんなに韓国ドラマが面白いですか？ 日本のドラマと何が違ってそんなに毎日見るんですか？
> 女性：面白いから毎日見るんです。これは何も、単純に韓国の男性が素敵だとかそういうものではないです。ドラマ自体が本当に面白いんです。
> 男性：ですから、何がそんなに楽しいのか、聞いているのですよ。みんな同じなのではないですか？
> 女性：違います。違うからどっぷりはまっているんです。まず演技が本当に上手です。

| 1 | × | 【訳】韓国ドラマが面白いという理由がよくわからない。 |
| | | 뭐가 그렇게 재미있느냐고요?は、理由を知らないから聞いているのではありません。×です。 |

| 2 | × | 【訳】ちょっと変わったドラマを見たがるだけだ。 |
| | | これは、全く関係のない話です。×です。 |

| 3 | ○ | 【訳】そう言っても、ドラマはみんな所詮ドラマなのだろうと思う。 |
| | | 다 똑같은 거 아니에요?と다 거기서 거기とは、似ている言い方です。これがもっとも言いたいことです。 |

| 4 | × | 【訳】ドラマの内容より俳優に関心があって観ていると思う。 |
| | | もしかしたら、そう思っているかもしれませんが、もっとも言いたいことではありません。 |

| 5 | ○ | 【訳】女性は韓国ドラマの熱烈なファンだ。 |
| | | 드라마에 푹 빠졌나 봐요?と男性が言うくらいなので、熱誠的인 팬と言えます。 |

| 6 | × | 【訳】男性は韓国ドラマをほぼ毎日見ている。 |
| | | ドラマを毎日のように見ているのは、女性の方です。×です。 |

| 7 | ○ | 【訳】女性は韓国ドラマの質を高く評価している。 |
| | | 드라마 자체가 정말 재미있어요と言っているので、高く評していることになります。○です。 |

| 8 | ○ | 【訳】男性は、ドラマは全部同じだと思っている。 |
| | | 男性が다 똑같은 거 아니에요?と言っていることと一致するので、○です。 |

次を聞いて、設問に○か×で答えなさい。　　　　　◀)) track032

男자 : 한국에 자주 가신다면서요? 한국에 가시면 거기 계시
　　　는 동안에 뭐 하세요?

여자 : 뭐 특별히 하는 건 없고 매번 똑같아요. 맛있는 것 먹
　　　으러 다니고 아는 사람 만나서 한잔 하고 그리고 좋아
　　　하는 한국 식품 몇 가지 사고 그게 전부예요.

남자 : 정말 평범하시네요. 자주 가신다길래 뭐 특별한 일을
　　　하시는 줄 알았어요.

여자 : 그냥 한국이 좋아서 자주 가는 것뿐이에요.

問題 **1**　男性がもっとも言いたいことは、한국에 자주 가는 것은 특별한 사유가 있기 때문이라고 생각했다. である。

問題 **2**　男性がもっとも言いたいことは、한국에 자주 가는 것은 한국 요리를 먹고 싶어서라고 생각했다. である。

問題 **3**　男性がもっとも言いたいことは、한국에 자주 가는 것은 한국에 친척이 있기 때문이라고 생각했다. である。

問題 **4**　男性がもっとも言いたいことは、한국에는 자주 갈 필요가 없다고 생각했다. である。

問題 **5**　남자는 한국에 가고 싶은 생각이 별로 없다. は、本文の内容と一致している。

問題 **6**　남자는 한국에서 뭔가 특별한 일을 하고 싶다. は、本文の内容と一致している。

問題 **7**　여자는 한국에 아는 지인이 있다. は、本文の内容と一致している。

問題 **8**　여자는 그저 평범하게 한국을 즐길 뿐이다. は、本文の内容と一致している。

男性：韓国にしょっちゅう行かれるそうですね？ 韓国に行ったら、そこにいる間に何をするんですか？

女性：特別にやることはなくて毎回同じです。おいしいものを食べ歩いて、知り合いと一杯やって、それから好きな韓国食品をいくつか買って、それで全部です。

男性：本当に平凡ですね。しょっちゅう行かれるというので特別なことをしているのかと思いました。

女性：ただ韓国が好きでちょくちょく行っているだけです。

1	○	【訳】韓国にしょっちゅう行くのは特別な事由（理由）があるからだと思っていた。 뭐 특별한 일을 하시는 줄 알았어요を踏まえると、これがもっとも言いたいこととなります。
2	✕	【訳】韓国にしょっちゅう行くのは韓国料理を食べたいからだと思っていた。 確かにそう考えている可能性もありますが、部分的なことに過ぎません。✕です。
3	✕	【訳】韓国にしょっちゅう行くのは韓国に親戚がいるからだと思っていた。 男性は、特にそのようなことは言っていません。✕です。
4	✕	【訳】韓国にはしょっちゅう行く必要がないと思っていた。 男性は、特別なことをしているのだろうと思っていただけなので、違います。
5	✕	【訳】男性は韓国に行きたいと特に思わない。 男性は、韓国によく女性の行動理由を知りたがっているだけで、自分のことには何も触れていません。
6	✕	【訳】男性は韓国で何か特別なことをしてみたい。 男性は、韓国によく女性の行動理由を知りたがっているだけで、自分のことには何も触れていません。
7	○	【訳】女性は韓国に知り合いがいる。 아는 사람 만나서 한잔 하고と言っているから、知人はいます。
8	○	【訳】女性はただ平凡に韓国を楽しんでいるだけだ。 그냥 한국이 좋아서 자주 가는 것뿐を踏まえると、平凡に韓国を楽しむだけになります。○です。

次を聞いて、設問に○か×で答えなさい。　🔊 track033

여자 : 렌터카를 빌리고 싶어서 왔는데요. 날짜는 8월 1일에
　　　서 3일간이고 차는 그냥 보통 승용차면 됩니다.
남자 : 예약 안 하신 거죠? 그럼 거기 앉으셔서 잠깐만 기다려
　　　주세요. 곧 안내해 드리도록 하겠습니다. 차량은 경차
　　　에서 대형 차량까지 있는데 어떤 타입을 원하십니까?
여자 : 비용이 얼마나 차이가 나나요? 그다지 비용 차이가 안
　　　나면 중형 차량으로 하고 싶은데요.
남자 : 반납을 저희 지점으로 해 주신다면 할인 요금 적용해
　　　서 소형 차량 요금으로 해 드리겠습니다.

問題 1	女性がしていることは、 승용차를 구입하려고 하고 있다. である。
問題 2	女性がしていることは、 렌터카를 반납하려고 하고 있다. である。
問題 3	女性がしていることは、 3일간 렌터카를 빌리려고 하고 있다. である。
問題 4	女性がしていることは、 렌터카 비용을 문의하고 있다. である。
問題 5	렌트한 곳으로 반납할 경우 할인 요금을 적용받는다. は、本文の内容と一致している。
問題 6	렌트가 가능한 차량은 중형 차량밖에 없다. は、本文の内容と一致している。
問題 7	차량 타입에 따라 렌트 비용에 많은 차이가 난다. は、本文の内容と一致している。
問題 8	여자는 소형 차량을 이용하게 된다. は、本文の内容と一致している。

女性：レンタカーを借りたくて来ました。日にちは8月1日から3日間で、車は普通のセダンタイプでいいです。

男性：予約していらっしゃらないのですね？ ではそこにおかけになってしばらくお待ち下さい。すぐにご案内するようにいたします。車両は軽から大型車両までありますが、どのタイプをお望みですか？

女性：費用はどれくらい違いますか？ それほど費用に差がなければ中型車両にしたいのですが。

男性：返却を当支店にしていただけるのであれば、割引料金を適用して、小型車両の料金にして差し上げます。

1	✕	【訳】乗用車を購入しようとしている。 렌터가를 빌리고 싶어서 왔다고 말하고 있습니다. 승용차 구입에서는 아닙니다.
2	✕	【訳】レンタカーを返却しようとしている。 렌터가를 빌리고 싶어서 왔다고 말하고 있습니다. 렌터카를 반납하려고의 반대입니다.
3	◯	【訳】3日間レンタカーを借りようとしている。 렌터카를 빌리고의 후에, 날짜는 3일간이 나오는 것과 일치합니다. 정답은 ◯입니다.
4	◯	【訳】レンタカーの費用を問い合わせている。 비용이 얼마나 차이가 나나요?とも訊ねているので、비용을 문의하고 있다になります。◯です。
5	◯	【訳】レンタルした場所に返却する場合、割引料金が適用される。 반납을 저희 지점으로 해 주신다면 할인 요금 적용과 일치하고 있습니다. ◯입니다.
6	✕	【訳】レンタルが可能な車両は中型車両しかない。 차량은 경차에서 대형 차량까지 있는데と言っていることと矛盾します。✕です。
7	✕	【訳】車両タイプによりレンタル料に大きな差が出る。 할인 요금을 적용해서 소형 차량 요금으로と言っています。많은 차이と矛盾します。✕です。
8	✕	【訳】女性は小型車両を利用することになる。 중형 차량을 소형 차량 요금으로と言っているので、✕です。

次を聞いて、設問に○か×で答えなさい。　🔊 track034

여자 : 여보세요. 오늘 아침에 그쪽 호텔 체크아웃한 사람인
　　　데요. 방 안에 열쇠를 떨어뜨린 것 같은데 혹시 거기
　　　있나요?

남자 : 몇 호실에 묵으셨습니까? 그리고 혹 어디에 두었는지
　　　기억하고 계시면 말씀해 주시겠어요?

여자 : 713호실이었고요. 파란색 가죽 열쇠고리에 열쇠가 4
　　　개 달려 있는 거예요. 아마 옷장에 떨어뜨린 것 같아
　　　요.

남자 : 잠깐만 기다리세요. 아, 네. 분실물 보관함에 있습니
　　　다. 찾으러 오시겠습니까?

問題 1	女性がしていることは、 어제까지 묵었던 호텔을 체크아웃하고 있다. である。
問題 2	女性がしていることは、 잃어버린 열쇠가 호텔에 있는지 문의하고 있다. である。
問題 3	女性がしていることは、 떨어뜨린 열쇠를 찾으러 호텔로 가고 있다. である。
問題 4	女性がしていることは、 713호실에서 떨어뜨린 열쇠를 찾고 있다. である。
問題 5	호텔은 분실물이 나오면 보관함에 보관한다. は、本文の内容と一致している。
問題 6	여자가 잃어버린 열쇠는 열쇠고리가 달려 있지 않다. は、本文の内容と一致している。
問題 7	여자는 열쇠를 잃어버린 장소를 정확하게 기억한다. は、本文の内容と一致している。
問題 8	호텔은 여자의 열쇠를 택배로 보낸다. は、本文の内容と一致している。

> 女性：もしもし。今朝そちらのホテルをチェックアウトした者です。部屋の中で鍵を落としたようなのですが、もしかしてそちらにありますか？
> 男性：何号室にお泊りでしたか？ それから、もし、どこに置いたか覚えていらしたら教えていただけますか？
> 女性：713号室で、青い革のキーホルダーに鍵が4つ、ついています。たぶんクローゼットに落としたと思います。
> 男性：少々お待ち下さい。ああ、はい。紛失物保管箱にあります。取りに来られますか？

1	✕	【訳】昨日まで泊まっていたホテルをチェックアウトしている。 열쇠를 떨어뜨린 것 같은데 거기 있나요?는, 호텔에 忘れ物の問い合わせをする話です。✕です。
2	◯	【訳】失くした鍵がホテルにあるか問い合わせている。 열쇠를 떨어뜨린 것 같은데 거기 있나요?는, 호텔에 忘れ物の問い合わせをする話です。◯です。
3	✕	【訳】落とした鍵を受け取りに、ホテルに向かっている。 거기 있나요?는, 問い合わせの段階です。호텔로 찾으러 가다をする前です。✕です。
4	✕	【訳】713号室で落とした鍵を探している。 체크아웃と言っているので、今ホテルにいません。✕です。
5	◯	【訳】ホテルは、紛失物があれば保管箱に保管する。 분실물 보관함에 있습니다と言っていることと一致します。◯です。
6	✕	【訳】女性が失くした鍵は、キーホルダーがついていない。 가죽 열쇠고리에 열쇠가 4개 달려 있는 거と言っていることと矛盾します。✕です。
7	✕	【訳】女性は鍵を失くした場所を正確に覚えている。 아마 옷장에 떨어뜨린 것 같아요と、曖昧にしか覚えていません。✕です。
8	✕	【訳】ホテルは女性の鍵を宅配で送る。 찾으러 오시겠습니까?と言っているので、この流れであれば、取りに行くことになります。✕です。

次を聞いて、設問に○か×で答えなさい。　🔊 track035

여자 : 오늘은 종가의 종손으로서 일본 여성을 아내로 맞이하여 화제가 된 경주 이씨 58대손이신 이용규 씨를 모셨습니다. 어떻게 그런 결혼을 하시게 된 겁니까?

남자 : 제가 원래 어릴 때부터 일본에 관심이 많았었습니다. 대학을 졸업하고 그냥 책이나 영상으로만 보던 일본에 가고 싶어서 대학원을 일본으로 진학했지요. 제 집사람과는 대학원에서 만났습니다. 한국에 관심을 가지고 있었던 제 아내와 같은 수업을 들으면서 가까워지고 결국은 결혼까지 하게 되었지요. 그 과정에서 깨달은 게 있습니다. 사람은 다 똑같은데 제도가 사람을 갈라놓는 걸 말이지요. 그러고 보면 국가나 국적, 이게 그렇게 오래된 개념이 아니거든요. 일본 사람이나 한국 사람이나 다 같은 사람인데 뭘 그렇게 나누나 하는 생각이 듭니다.

問題 1	男性がもっとも言いたいことは、일본 여성과 결혼한 것은 일본에 관심이 많아서이다. である。
問題 2	男性がもっとも言いたいことは、나라가 다르다고 해서 사람까지 다른 것은 아니다. である。
問題 3	男性がもっとも言いたいことは、남녀는 같이 있다 보면 가까워지게 마련이다. である。
問題 4	男性がもっとも言いたいことは、제도나 개념에 집착하면 본질을 잃어버리게 된다. である。
問題 5	남자는 일본에서 대학원을 나왔다. は、本文の内容と一致している。
問題 6	남자의 아내는 한국 문화에 관심이 많았다. は、本文の内容と一致している。
問題 7	남자와 남자의 아내는 같은 시기에 학교를 다녔다. は、本文の内容と一致している。
問題 8	남자는 사람은 다 똑같다고 생각한다. は、本文の内容と一致している。

解答・解説

女性：今日は宗家の長孫として、日本人女性を妻に迎え話題となった慶州李氏 58代の（58代孫の）イ・ヨンギュ氏をお迎えしています。どうしてそのような結婚をされることになったのですか？
男性：私はもともと幼い頃から日本にとても興味がありました。大学を卒業し、ただ本や映像だけで見ていた日本に行ってみたくて、日本の大学院に進みました。妻とは大学院で出会いました。韓国に関心を持っていた妻と同じ授業を受けるうちに親しくなり、結局は結婚するまでになりました。その過程で気づいたことがあります。人は皆同じなのに、制度が人を引き離しているということです。思えば、国家や国籍、これはそれほど古い概念ではないんです。日本人であれ韓国人であれ、皆同じ人間なのに、何をそういうふうに分けてしまうだろうという気がします。

1	×	【訳】日本女性と結婚したのは、日本に大変関心があったからだ。 もっとも言いたいことは、最後の일본 사람이나 한국 사람이나 다 같은 사람です。×です。
2	×	【訳】国が違うからといって人まで違うわけではない。 これも言いたいことではありますが、もっとも言いたいことではありません。그러고 보면がそのヒントです。
3	×	【訳】男女は一緒にいると親しくなるものだ。 같은 수업을 들으면서 가까워지고 결혼까지は、事実ですが、もっとも言いたいことではありません。
4	○	【訳】制度や概念に執着すると本質を見失うことになる。 제도가 사람을 갈라놓는 걸 깨달았다と言っているので、これがもっとも言いたいこととなります。
5	○	【訳】男性は日本で大学院を出た。 대학원을 일본으로 진학했다と言っていることと一致するので、○です。
6	○	【訳】男性の妻は韓国文化に関心が多かった。 한국에 관심을 가지고 있었던 제 아내と言っていることと一致するので、○になります。
7	○	【訳】男性と男性の妻は同じ時期に学校に通っていた。 제 아내와 같은 수업을 들으면서と言っていることと一致するので、○です。
8	○	【訳】男性は、人は皆同じだと思っている。 사람은 다 똑같은데と主張していることと一致するので、○です。

次を聞いて、設問に○か×で答えなさい。　🔊》 track036

> 여자 : '건강한 육체에 건전한 정신이 깃든다'라는 말이 있
> 죠. 이 점에 대해 학원 스포츠와 관련하여 어떻게 생각
> 하십니까?
>
> 남자 : 먼저 그 이야기부터 바로잡아야겠습니다. 그 말은 고대
> 로마의 시인인 유베날리스가 한 말인데 로마 시대 당시
> 의 이른바 몸짱 붐을 신랄하게 비꼬아 한 말입니다. 열
> 심히 웨이트 트레이닝을 해서 몸은 가꾸지만 거꾸로 정
> 신은 타락하고 썩어 버린 당시 시대상을 비판한 것이지
> 요. 저는 유베날리스가 한 말이 지금의 학원 스포츠에
> 시사하는 점이 많다고 생각합니다. 건전한 정신을 얻을
> 수 있는 방법은 많이 있습니다. 스포츠는 그중의 극히
> 일부분에 불과하고요. 그럼에도 불구하고 무엇 때문에
> 그렇게 많은 학교가 학원 스포츠를 중요시하는지를 뒤
> 돌아봐야 합니다.

問題 1	男性がもっとも言いたいことは、 격언을 멋대로 해석하는 것은 좋지 않다. である。
問題 2	男性がもっとも言いたいことは、 건강한 육체만 중요한 것은 아니다. である。
問題 3	男性がもっとも言いたいことは、 건전한 정신을 함양하는 것이 중요하다. である。
問題 4	男性がもっとも言いたいことは、 학원 스포츠를 너무 미화시키는 경향이 있다. である。
問題 5	건강한 육체와 건전한 정신과는 직접적 관련이 없다. は、本文の内容と一致している。
問題 6	유베날리스는 육체의 건강만 추구하는 세태를 비판했 다. は、本文の内容と一致している。
問題 7	지도자들은 학원 스포츠의 현실을 뒤돌아봐야 한다. は、本文の内容と一致している。
問題 8	몸만 건강하고 정신이 타락했다면 아무런 의미가 없 다. は、本文の内容と一致している。

> 女性：健康な肉体に健全な精神が宿るという言葉がありますよね。この点について、学園スポーツと関連してどのようにお考えですか？
> 男性：まず、その話から正さなければなりません。その言葉は古代ローマの詩人であるユウェナリスが言った言葉ですが、古代ローマ時代、当時のいわゆる"肉体美ブーム"を辛辣に皮肉って言った言葉です。一所懸命ウェイトトレーニングをして体を鍛えはするものの、逆に精神は堕落して腐り切ってしまった当時の時代相を批判したものなのです。私はユウェナリスの言葉が、現在の学園スポーツに示唆する点が多いと思います。健全な精神を得られる方法はたくさんあります。スポーツはそのうちのごく一部に過ぎないのです。にも関わらず、何のためにあれほど多くの学校が学園スポーツを重要視するのかを考え直さなければならないと思います。

1	✕	【訳】格言を勝手に解釈するのはよくない。 格言の意味を訂正はしていますが、それを言いたいわけではありません。✕です。
2	✕	【訳】健康な肉体だけが重要なのではない。 確かに男性はそのように考えていますが、もっとも言いたいことかといったら、違います。
3	✕	【訳】健全な精神を涵養する（培う）ことが重要だ。 確かに男性はそのように考えていますが、もっとも言いたいことかといったら、違います。
4	◯	【訳】学園スポーツをあまりに美化する傾向がある。 女性이 학원 스포츠について質問をしていることを踏まえると、これがもっとも言いたいこととなります。
5	◯	【訳】健康な肉体と健全な精神とは直接的な関連がない。 男性은, 건전한 정신을 얻을 수 있는 방법이 많이 있다と指摘しています。◯でいいと思います。
6	◯	【訳】ユウェナリスは肉体の健康だけを追求する世相を批判した。 신랄하게 비꼬아 한 말と言っていることと一致するので、◯になります。
7	◯	【訳】指導者たちは学園スポーツの現実を顧みなければならない。 最後に、학원 스포츠를 중요시하는지를 뒤돌아봐야を指摘しているので、◯です。
8	◯	【訳】体だけ健康で精神が堕落したなら、何の意味もない。 유베날리스가 한 말이 시사하는 점이 많다と指摘しています。答えは◯です。

次を聞いて、設問に○か×で答えなさい。　🔊 track037

남자 : 지난번에 조 대리 육아 휴직 끝나고 돌아와서 다른 데로 발령 났다면서? 나도 육아 휴직 신청하려고 했는데 정말 고민되네.

여자 : 자기네도 그래? 장모님이 봐 주시기로 했다면서. 왜? 못 봐 주시겠대?

남자 : 그건 아닌데. 장모님한테만 다 맡길 수가 있어야지. 와이프는 임신 때하고 출산 때 휴가 다 써서 도저히 휴직 신청 못 하겠다고 그러고.

여자 : 그러게. 아이 생기고 낳고 기르고. 정말 기본적인 생활이고 권리여야 할 텐데 이게 왜 보장이 안 되는지 모르겠어.

問題 1	男性が女性に話しかけている意図は、 육아 휴직에 대한 고민을 털어놓으려고이다.
問題 2	男性が女性に話しかけている意図は、 육아 휴직의 필요성을 이야기하려고이다.
問題 3	男性が女性に話しかけている意図は、 육아 휴직의 현실을 같이 논의하려고이다.
問題 4	男性が女性に話しかけている意図は、 육아 휴직의 가능성을 물어보려고 있다.
問題 5	남자의 회사는 육아 휴직 제도가 활성화되어 있다. は、本文の内容と一致している。
問題 6	육아 휴직을 하면 업무상 불이익을 당할 수도 있다. は、本文の内容と一致している。
問題 7	가족이 육아를 도와주면 휴직을 신청할 수 없다. は、本文の内容と一致している。
問題 8	임신 출산 휴가를 쓰면 육아 휴직이 불가능하다. は、本文の内容と一致している。

男性：この前、チョ代理の育児休暇が終わって復帰して、違うところへ辞令が出されたんだって？ 私も育児休暇を申請しようと思ったけど、本当に悩ましいな。

女性：あなたのところもそうなの？ お義母さまが見てくださることになったと言ってたじゃない。どうして？ 見ていただけないって？

男性：そうじゃないんだけど。お義母さんにすべてを任せるわけにはいかないよ。妻は、妊娠中と出産の時に休暇を全部使ってしまって到底休職の申請はできないと言うし。

女性：そうよね。子どもを授かって生んで育てて。本当に基本的な生活で権利であるべきなのに、それがなぜ保障されないのかわからないわ。

---

1 ○

【訳】育児休暇に対する悩みを打ち明けようと

最初に、정말 고민되네が男性の気持ちを代弁しています。고민을 打ち明けているので、○です。

---

2 ×

【訳】育児休暇の必要性を話そうと

육아 휴직의 필요성のことは、語っていません。単に悩みを打ち明けているだけです。

---

3 ×

【訳】育児休暇の現実について共に話し合おうと

육아 휴직의 현실을 논의というより、現状を話し合っているだけです。×です。

---

4 ×

【訳】育児休暇の可能性を聞いてみようと

육아 휴직의 가능성을 探っているわけではありません。女性も同じ立場の人だからです。×です。

---

5 ×

【訳】男性の会社は育児休暇制度が活性化されている。

활성화되어 있다がポイントとなります。会話の内容を踏まえると、活性化はされていません。×です。

---

6 ○

【訳】育児休暇を取ると業務上、不利益を被ることもある。

다른 데로 발령 났다が、業務上の不利益を意味します。○です。

---

7 ×

【訳】家族が育児を手伝ってくれると、休職を申請できない。

そのようには言っていません。×です。

---

8 ×

【訳】妊娠、出産休暇を（産前産後休暇）取ると育児休暇が不可能になる。

도저히 휴직 신청 못 하겠다は、制度的にだめというわけではありません。周りの目を気にしてのことです。

次を聞いて、設問に○か×で答えなさい。　🔊 track038

남자 : 신 대리, 아기 낳고 나서도 일 계속할 거야? 출산 휴가
　　　 끝나고 복직하는 사람들 봤잖아. 어떻게 되는지.

여자 : 난 끝까지 버틸 거야. 나도 내 인생이 있는데 아이 낳
　　　 았다고 왜 일을 포기해야 돼? 마 대리, 나 몰라?

남자 : 신 대리를 내가 왜 모르니? 우리 동기 중에서도 능력
　　　 있고 일 잘하고. 정말 아깝지. 여자만 아니면 사장까지
　　　 되고도 남을 텐데.

여자 : 그게 문제야. 눈꼽만치도 안 바뀌는 남자 중심 사고방
　　　 식.

問題 1 ○○○	男性が女性に話しかけている意図は、출산 휴가 후 복직하는 여사원들에 관한 이야기를 나누려고이다.
問題 2 ○○○	男性が女性に話しかけている意図は、여자의 커리어 우먼으로서의 뛰어난 점을 칭찬하려고이다.
問題 3 ○○○	男性が女性に話しかけている意図は、복직 후의 사내 업무에 대해 알려 주려고이다.
問題 4 ○○○	男性が女性に話しかけている意図は、입사 동기들의 최근 동향을 이야기해 주려고이다.
問題 5 ○○○	이 회사는 출산 후 복직하는 여사원에 대해 호의적이다. は、本文の内容と一致している。
問題 6 ○○○	여자는 커리어 우먼의 경력을 버릴 생각이 없다. は、本文の内容と一致している。
問題 7 ○○○	출산이나 육아 등을 이유로 일을 포기해야 하는 경우가 있다. は、本文の内容と一致している。
問題 8 ○○○	남자 중심 사고의 체질이 좀처럼 바뀌지 않는다. は、本文の内容と一致している。

男性：シン代理、子どもを産んだあとも仕事を続けるつもり？ 産休が終わって復職する人たちを見ただろう。どうなるのか。
女性：私は最後まで耐える（頑張る）わ。私にも私の人生があるのに、子どもを産んだからといって、なぜ仕事を諦めなければならないの？ マ代理、私のこと知らないの？
男性：シン代理のことをぼくが知らないわけがないだろう。同期の中でも能力があって仕事ができて。本当にもったいないよ。女性じゃなかったら充分社長になれるよね。
女性：それが問題なのよ。爪の垢ほども変わらない男性中心の思考方式。

1	○	【訳】産休明けに復職する女性社員について話し合おうと
		最初の発言の中にあります。아기 낳고 나서도 일 계속할 거야? を踏まえると、○と言えます。

2	✕	【訳】女性の、キャリアウーマンとしての秀でた点を称賛しようと
		커리어 우먼으로서의 능력을 칭찬というのは、女性の能力を惜しむ発言の流れから出てくる話です。

3	✕	【訳】復職後の社内業務について知らせてあげようと
		복직 후의 업무에 대해 알려 주려고ではありません。同じ立場の社員だからです。✕です。

4	✕	【訳】同期入社の者たちの最近の動向を話してあげようと
		男性が우리 동기 중에서도を出したのは、女性の能力の高さを言うための前提に過ぎません。✕です。

5	✕	【訳】女性はキャリアウーマンの経歴を捨てるつもりがない。
		好意的だとしたら、男性と女性がこんな暗い会話をする理由がありません。✕です。

6	○	【訳】女性はキャリアウーマンの経歴を捨てるつもりがない。
		끝까지 버틸 거야と仕事をあきらめる意図がないことを明らかにしています。○です。

7	○	【訳】出産や育児などを理由に仕事を諦めなければならない場合がある。
		女性が왜 일을 포기해야 돼?と訊いていることは、諦める人がいるという意味です。○になります。

8	○	【訳】男性中心思考の体質がなかなか変わらない。
		最後に눈꼽만치도 안 바뀌는 남자 중심 사고방식で終わっているので、○でいいと思います。

次を聞いて、設問に○か×で答えなさい。　◀)) track039

남자 : 이번에 렌터카 가동 연한이 다 된 차량을 직접 판매하
　　　는 서비스를 시작하셨다고요?

여자 : 네, 이제까지는 렌터카 서비스가 끝난 차량을 중고차
　　　매매 업체에 처분해 왔었는데 그 차량들을 직접 저희
　　　회원들에게 파는 서비스를 시작했습니다. 통상 중고차
　　　시장에서는 렌터카 차량이 별 인기가 없는데 1차 판매
　　　때도 2차 판매 때도 예약 구매가 들어와 전부 완판됐
　　　습니다. 현재 판매 차종은 3종인데 더 확대할 계획입
　　　니다.

남자 : 구체적으로는 어떻게 판매하고 있습니까?

여자 : 저희 앱에 중고차 판매 서비스 앱을 하나 추가하는 방
　　　식입니다. 이용료만 부담하면 하루나 이틀 타 보고 나
　　　서 구입할 수 있게 하는 서비스도 제공하고 있습니다.

問題	
1	女性は렌터카 회사를 경영하는 사람である。
2	女性は중고차를 판매하는 사람である。
3	女性は차량 공유 서비스 앱을 개발하는 사람である。
4	女性は렌터카 차량을 매매 업체에 처분하는 사람である。
5	이 서비스는 누구나 이용할 수 있다. は、本文の内容と一致している。
6	이 서비스는 이용자가 아주 많다. は、本文の内容と一致している。
7	이 서비스는 모든 차종에 다 적용된다. は、本文の内容と一致している。
8	이 서비스는 앱으로 제공된다. は、本文の内容と一致している。

男性：このたびレンタカー稼働年限が切れた車両を直接販売するサービスを始められたそうですね。

女性：はい、これまでは、レンタカーサービスが終わった車両を中古車販売業者に処分してきたのですが、その車両を直接、私どもの会員に販売するサービスを始めました。通常、中古車市場ではレンタカー車両はあまり人気がないのですが、1次販売の時も2次販売の時も予約購入が入って、すべて完売しました。現在の販売車種は3種類ですが、さらに拡大する計画です。

男性：具体的にはどのように販売しているのですか？

女性：私どものアプリに中古車販売サービスアプリを1つ追加する方式です。利用料だけの負担で、1日か2日乗ってみた後で購入できるようにするサービスも提供しています。

1	○	【訳】レンタカー会社を経営している人 話の全般から、経営者じゃなければ言えないことを言っているので、○にしていいと思います。
2	✕	【訳】中古車を販売している人 レンタカー会社としての話が中心で、中古車を販売する서비스를 시작と言っているので、正解は✕です。
3	✕	【訳】車両共有サービスアプリを開発している人 저희 앱에 판매 서비스 앱을 하나 추가と言っています。ということは、開発している人ではありません。✕です。
4	✕	【訳】レンタカー車両をディーラーに卸す人 처분해 왔었는데 그 차량들을 직접 파는 서비스를 시작と言っていることを踏まえると、✕になります。
5	✕	【訳】このサービスは誰でも利用することができる。 누구나 다 이용ではありません。저희 회원들에게 파는 서비스と言っています。✕です。
6	✕	【訳】このサービスは利用者がとても多い。 서비스를 시작했습니다と言っており、適用車種も3種のみなので、○とは言えません。
7	✕	【訳】このサービスはすべての車種に適用される。 현재 판매 차종은 3종と言っています。모든 차종ではありません。
8	○	【訳】このサービスはアプリで提供される。 중고차 판매 서비스 앱을 추가と言っていることを踏まえると、○になります。

次を聞いて、設問に○か×で答えなさい。　🔊 track040

남자 : 국내 연구진이 전기차 배터리 충전 시간을 획기적으로 줄일 수 있는 기술을 내놓았다고 해서 화제입니다. 어떤 기술입니까?

여자 : 아시다시피 전기차는 이차 전지의 동력만으로 차를 움직입니다. 문제는 연료 충전 시간도 느리고 에너지 출력도 낮다는 것이지요. 결국 이차 전지의 충전과 방전 시간을 어떻게 줄이느냐가 관건인데 져희 연구팀이 빠른 충방전을 가능하게 하고 높은 에너지 밀도를 유지하면서 성능 유지 시간을 길게 할 수 있는 새로운 방식을 개발한 겁니다.

남자 : 종래의 방식이라면 완전 충전에 1시간 이상 걸리지 않습니까?

여자 : 네, 저희가 개발한 기술로는 배터리 90%충전에 6분밖에 걸리지 않습니다.

問題	
1	女性は、전기차 배터리 소재를 개발하는 사람である。
2	女性は、전기차 영업을 담당하는 사람である。
3	女性は、전기차 배터리 충전 작업을 하는 사람である。
4	女性は、전기차 배터리 충전소에서 일하는 사람である。
5	전기차 배터리 충전 시간이 비약적으로 짧아진다. は、本文の内容と一致している。
6	전기차는 이차 전지 동력으로 움직인다. は、本文の内容と一致している。
7	전기차는 충전 시간이 느리다는 것이 흠이다. は、本文の内容と一致している。
8	전기차의 충방전 시간은 정해져 있다. は、本文の内容と一致している。

男性：国内の研究陣が、電気自動車のバッテリーの充電時間を画期的に短縮できる技術を開発したといって話題です。どのような技術ですか？

女性：ご存じのとおり電気自動車は二次電池の動力だけで車を動かします。問題は、燃料の充電時間も遅く、エネルギー出力も低いということです。結局、二次電池の充電と放電時間をどのように縮めるのかがカギなのですが、私どもの研究チームが、速い充放電を可能にし、高いエネルギー密度を維持しながら性能維持時間を長くすることのできる、新たな方式を開発したのです。

男性：従来の方式だと、完全充電に1時間以上かかっているんですよね？

女性：はい、私どもが開発した技術では、バッテリーの90％充電に6分しかかかりません。

---

1 ✕
【訳】電気自動車のバッテリー素材を開発している人
女性が開発した技術は、速い充放電が可能な新しい方式なので、素材ではありません。✕です。

---

2 ✕
【訳】電気自動車の営業を担当している人
국내 연구진과 남성이 최초에 말하고 있습니다. 전기차 영업 담당이 아닙니다.

---

3 ✕
【訳】電気自動車のバッテリー充電作業を行っている人
전기차 배터리 충전 시간을 줄일 수 있는 기술을 개발하고 있는 사람입니다. 작업을 하는 사람이 아닙니다.

---

4 ✕
【訳】電気自動車のバッテリー充電所で働いている人
전기차 배터리 충전 시간을 줄일 수 있는 기술을 개발하고 있는 사람입니다. 스탠드에서 일하는 사람이 아닙니다.

---

5 ○
【訳】電気自動車のバッテリー充電時間が飛躍的に短くなる。
충전 시간이 1시간에서 6분이 된다는 것이므로, 비약적이라고 말할 수 있습니다.

---

6 ○
【訳】電気自動車は二次電池の動力で動く。
이차 전지의 동력만으로 차를 움직입니다라고 말하고 있는 내용과 일치합니다. ○입니다.

---

7 ○
【訳】電気自動車は充電時間が遅いというのが欠点だ。
연료 충전 시간도 느리고라고 지적하고 있는 것과 부합합니다. ○으로 해도 좋다고 생각합니다.

---

8 ✕
【訳】電気自動車の充放電時間は決まっている。
충방전 시간이 정해져 있다는, 틀렸습니다. ✕입니다.

次を聞いて、設問に○か×で答えなさい。　　　　　　　◀)) track041

여자 : 종래와 같은 방법의 교육으로는 정말 미래가 없다고
　　　　생각합니다. 지금처럼 점수 위주의 교육으로 학생들의
　　　　생각하는 힘이 길러질까 의문입니다.

남자 : 맞는 말씀입니다만 이제까지 해 왔던 평가 방식을 하
　　　　루아침에 바꾸는 게 가능하겠습니까? 천천히 해야지
　　　　요.

여자 : 바로 그 점입니다. 언제까지 뒤로 미룰 거냐는 겁니다.
　　　　대학생이 됐는데도 아주 소소한 것까지 일일이 담당
　　　　교수한테 물으러 온다는 것이 믿어지지가 않습니다.

남자 : 평가 방식을 바꾼다고 학생들 생각이 그렇게 쉽게 바
　　　　뀌겠어요? 좀 더 두고 논의하도록 하십시다.

問題 1	개선해야 할 것이 있다면 신속히 추진해야 한다. 는, 男性の考えと一致する。
問題 2	문제점은 알겠으나 시간을 두고 검토해야 한다. 는, 男性の考えと一致する。
問題 3	생각할 수 있는 능력은 자기 스스로 계발해야 한다. 는, 男性の考えと一致する。
問題 4	학생들의 생각은 쉽게 바뀌지 않는다. 는, 男性の考えと一致する。
問題 5	상대의 의견을 듣는 척하면서 거의 외면하고 있다. 는, 男性の態度と一致する。
問題 6	상대방의 제안에 대해 긍정적으로 바라보고 있다. 는, 男性の態度と一致する。
問題 7	의견을 들으면서 나아가야 할 방향을 제시하고 있다. 는, 男性の態度と一致する。
問題 8	자기 의견을 명확하게 제시하지 않고 얼버무리고 있다. 는, 男性の態度と一致する。

解答・解説

> 女性：従来と同じ方法の教育では、本当に未来がないと思います。今のような点数本位の教育で、学生たちの考える力が育つのか疑問です。
> 男性：おっしゃるとおりですが、これまで行ってきた評価方式を一朝にして変えることが可能でしょうか？　追々やっていった方がいいと思いますよ。
> 女性：まさにその点です。いつまで後回しにするのかということです。大学生にもなって、ほんの些細なことまでいちいち担当教授に聞きにくるというのが信じられません。
> 男性：評価方式を変えたからといって、学生たちの考えがそんなに簡単に変わるでしょうか？　少しずつ暖めながら論議することにしましょう。

1	✕	【訳】改善すべきことがあるなら迅速に推進しなければならない。 男性が2回目の発言から좀 더 두고 논의하도록 하십시다と言っていることと矛盾するので、✕です。
2	◯	【訳】問題点はわかるが時間を置いて検討しなければならない。 맞는 말씀の後に、좀 더 두고 논의하도록と言っていることを踏まえると、◯でいいと思います。
3	✕	【訳】考えることのできる能力は本人自ら啓発しなければならない。 男性は、特にこれと関連した内容は述べていません。◯にはなりません。
4	✕	【訳】学生たちの考えは簡単には変わらない。 評価方式を変えることが学生の考えを変えることにつながらないと言っているので、✕です。
5	◯	【訳】相手の意見を聞くふりをしながら、ほぼ聞き流している。 천천히 해야지요や그렇게 쉽게 바뀌겠어요?などの懐疑的な反応を見ると、◯でいいと思います。
6	✕	【訳】相手方の提案に対して肯定的に見ている。 가능하겠습니까?や바뀌겠어요?のような言い方は、肯定的ではありません。✕です。
7	✕	【訳】意見を聞きながら、進むべき方向を提示している。 相手の話を半ば聞き流しているような感じなので、나아가야 할 방향을 제시とは言えません。
8	◯	【訳】自分の意見を明確に提示せずに、ごまかしている。 相手の話をまともに受けず、천천히 해야지요や좀 더 두고 논의などといい、はぐらかしているので、◯です。

次を聞いて、設問に○か×で答えなさい。　　　　　　　◀») track042

여자 : 저희 회사도 이제 여사원의 인재 활용 방식에 대해 결단을 내려야 할 때가 됐다고 생각합니다.

남자 : 그래요? 그럼 민 부장 생각을 기탄없이 말해 보세요. 나도 전부터 신경이 쓰이던 문제입니다.

여자 : 무엇보다 여사원들의 임신, 출산, 육아가 환영받는 분위기가 만들어져야 한다고 봅니다. 마치 죄짓는 것 같은 생각이 든다면 누구나 다 심각하게 고민하게 되지 않겠습니까?

남자 : 맞는 이야기예요. 우리 회사에 그런 분위기가 있다는 말인 것 같은데 절대로 있어서는 안 될 일입니다. 반드시 개선해야 해요.

問題 **1**　여사원들이 안심할 수 있는 직장을 만들어야 한다.
は、男性の考えと一致する。

問題 **2**　어떤 의견이라도 자유롭게 말할 수 있어야 한다.
は、男性の考えと一致する。

問題 **3**　개선을 해야 할 문제가 있다면 과감하게 해야 한다.
は、男性の考えと一致する。

問題 **4**　여사원들이 마음껏 능력 발휘를 할 수 있어야 한다.
は、男性の考えと一致する。

問題 **5**　상대의 이야기를 진지하게 듣고 있다.
は、男性の態度と一致する。

問題 **6**　상대의 의견에 대한 자신의 태도를 분명히 밝히고 있다.
は、男性の態度と一致する。

問題 **7**　맞다고 여겨지는 의견은 서슴지 않고 받아들이고 있다.
は、男性の態度と一致する。

問題 **8**　윗사람으로서 적절한 상황 판단을 하고 있다.
は、男性の態度と一致する。

女性：私どもの会社も、もう女性社員の人材活用方式について決断を下さなければならない時が来たと思います。

男性：そうですか？　では、ミン部長の考えを忌憚なく話してみて下さい。私も前から気になっていた問題です。

女性：何より女性社員の妊娠、出産、育児が歓迎される雰囲気が作られるべきだと思います。まるで罪を犯したかのような思いになるなら、皆が皆、深刻に悩むようになるのではないでしょうか？

男性：その通りだと思いますよ。わが社にそのような雰囲気があるという話のようですが、絶対にあってはならないことです。必ず改善しなければなりません。

1	○	【訳】女性社員が安心できる職場を作らなければならない。
		죄짓는 것 같은 생각이 든다는 여성의 발언에, 반드시 개선과 반응하고 있으므로, ○입니다.
2	×	【訳】どんな意見でも自由に話せなければならない。
		기탄없이 라고 말했다고 해서, 어떤 의견이라도 자유롭게 인가 라고 말하면, 다릅니다. ×입니다.
3	○	【訳】改善しなければならない問題があるなら、果敢に行わなければならない。
		절대로 있어서는 안 될 일이나 반드시 개선 이라고 말하고 있으므로, ○가 됩니다.
4	○	【訳】女性社員が思う存分、能力を発揮できるようにしなければならない。
		전부터 신경이 쓰이던 문제와 발언하고 있는 것을 감안하면, ○라고 봐도 좋습니다.
5	○	【訳】相手の話を真摯に（まじめに）聞いている。
		기탄없이 말해 보세요나 맞는 이야기예요는, 확실히 상대의 이야기를 듣지 않으면 나오지 않는 이야기입니다. ○입니다.
6	○	【訳】相手の意見に対する自身の態度を、はっきりと明かしている（示している）。
		기탄없이 말해 보세요나 반드시 개선해야 해요 등과, 의견이나 태도를 명확히 하고 있습니다. ○입니다.
7	○	【訳】正しいと思われる意見は、ためらわずに受け入れている。
		맞는 이야기예요의 후에, 반드시 개선해야 해요라고 덧붙이고 있으므로, 남성의 태도로서 맞습니다.
8	○	【訳】目上の人間として適切な状況判断をしている。
		남성은, 연하의 사람에 대해 사용하는 말투를 사용하고 있습니다. 적절히 답하고, 의견을 말하고 있으므로, ○입니다.

次を聞いて、設問に○か×で答えなさい。　◀)) track043

　　항공기 타이어는 이착륙할 때의 순간적 충격과 고속, 고열, 고하중 등을 버텨야 합니다. 그래서 매일같이 적정 압력을 반드시 확인하지요. 항공기 타이어의 특징은 이뿐만이 아닙니다. 항공기 타이어에는 불화성 기체인 질소를 주입합니다. 항공기가 착륙할 때 타이어가 굉장한 고열 상태가 되기 때문이지요. 만약에 항공기 타이어에 산소가 포함된 일반 공기를 주입하면 고열 때문에 자칫 잘못하면 타이어 내부의 기체가 발화하거나 폭발하게 됩니다. 질소를 주입하는 또 하나의 이유는 높은 고도에서의 저온을 견디기 위해서입니다. 질소는 영하 173도까지 얼지 않기 때문이지요.

問題 1	これは、질소의 특징についての文章である。
問題 2	これは、질소의 성질についての文章である。
問題 3	これは、항공기 타이어의 특징についての文章である。
問題 4	これは、항공기 타이어의 구조についての文章である。
問題 5	항공기 타이어는 일반 타이어에 비해 표면이 복잡하다. は、本文の内容と一致している。
問題 6	안전한 이착륙을 위해서는 적정 공기압이 필수이다. は、本文の内容と一致している。
問題 7	비발화성을 확보하기 위해 타이어에 질소를 주입한다. は、本文の内容と一致している。
問題 8	높은 고도에 올라가면 일반 타이어는 얼어 버린다. は、本文の内容と一致している。

> 　航空機のタイヤは、離着陸する時の瞬間的衝撃と高速、高熱、高荷重に耐えなければなりません。そのため、毎日のように適正圧力を必ず確認します。航空機のタイヤの特徴は、これだけではありません。航空機のタイヤには、不活性ガス（気体）である窒素を注入します。航空機が着陸する時、タイヤがものすごい高熱状態になるからです。万が一、航空機のタイヤに、酸素が含まれた空気を注入すると、高熱のため、一歩間違えればタイヤ内部の気体が発火したり爆発することになります。窒素を注入するもう１つの理由は、高い高度での低温に耐えるためです。窒素は零下173度まで凍らないからです。

1　×

【訳】窒素の特徴

これは、항공기 타이어에 관한 이야기입니다. 窒素는, 그 중의 일부에 지나지 않습니다. ×です。

2　×

【訳】窒素の性質

これは、항공기 타이어에 관한 이야기입니다. 窒素는, 그 중의 일부에 지나지 않습니다. ×です。

3　○

【訳】航空機のタイヤの特徴

항공기 타이어의 특징과 설명 속에서 서술하고 있으므로, ○です。

4　×

【訳】航空機のタイヤの構造

항공기 타이어의 특징을 서술하는 가운데, 속의 구조에도 언급하는 형태가 되어 있으므로, ○にはなりません。

5　×

【訳】航空機のタイヤは、一般のタイヤに比べて表面が複雑だ。

표면이 복잡한 형상의 타이어로는, 이착륙 때의 고속에 견딜 수 없습니다. ×です。

6　○

【訳】安全な離着陸のためには適正空気圧が必須だ。

적정 압력을 반드시 확인한다고 말하고 있는 것과 일치하므로, ○です。

7　○

【訳】非発火性を確保するためタイヤに窒素を注入する。

불화성 기체인 질소를 주입한다고 말하고 있습니다. 비발화성과 불화성이란, 같은 의미입니다. ○です。

8　○

【訳】高い高度に上がると、一般のタイヤは凍ってしまう。

질소를 주입하는 또 하나의 이유는 높은 고도에서의 저온을 견디기를 바탕으로 하면, ○になります。

次を聞いて、設問に○か×で答えなさい。　　　　　　　📢» track044

　　사람이 특별한 장비 없이 잠수할 수 있는 깊이는 별로 깊지 않습니다. 첫 번째 이유는 숨을 쉴 수 없기 때문이고 두 번째 이유는 수압 때문입니다. 수중에서의 압력은 같은 높이의 육지에서의 변화보다도 훨씬 큽니다. 이제까지의 최고 잠수 기록은 125미터로 알려져 있는데 잠수 속도와 잠수에서 상승하는 속도가 수압의 영향과 밀접한 관계가 있다는 사실이 밝혀지면서 잠수사들은 대부분 1초에 1미터의 속도를 유지한다고 합니다. 깊은 물속에서 오래 잠수를 하고 수면으로 복귀를 할 때는 충분히 감압 과정을 거쳐야 하며 그것을 지키지 않을 경우 잠수병 때문에 고통을 겪는 일도 생기게 됩니다.

問題 1	これは、수압의 원리에 대한 文章である。

問題 2	これは、인간의 잠수 가능 수심에 대한 文章である。

問題 3	これは、잠수병의 원인과 치료에 대한 文章である。

問題 4	これは、잠수와 수압과의 상관관계에 대한 文章である。

問題 5	숨만 쉴 수 있다면 더 깊이 잠수가 가능하다. は、本文の内容と一致している。

問題 6	수중에서의 압력이나 고산에서의 압력이나 거의 같다. は、本文の内容と一致している。

問題 7	수면으로 상승할 때는 빠른 속도로 하는 것이 좋다. は、本文の内容と一致している。

問題 8	감압을 원활하게 하지 않으면 잠수병에 걸리기 쉽다. は、本文の内容と一致している。

解答・解説

人間が特別な装備なしで潜水できる深さは、あまり深くありません。最初の理由は息を吸うことができないためであり、2番目の理由は水圧のためです。水中における圧力は、同じ高さの地上での変化より、はるかに大きいです。これまでの最高潜水記録は125メートルだと知られていますが、潜水速度と、潜水から上昇する速度が、水圧の影響と密接な関係にあるという事実が明らかになったことで、潜水士はほとんどが1秒間に1メートルの速度を維持するのだといいます。深い水の中で長く潜水して水面に復帰する時には、十分に減圧の過程を経なければならず、それを守らない場合、潜水病のために苦しめられることになります。

1	✕	【訳】水圧の原理 잠수할 수 있는 깊이부터 이야기가 시작되며, 수압과의 관계가 이야기됩니다. 단순히 수압의 원리는 아닙니다.
2	✕	【訳】人間の潜水可能な水深 최고 잠수 기록 등의 이야기도 나오지만, 그것은 수압의 이야기를 하기 위해서입니다. ✕입니다.
3	✕	【訳】潜水病の原因と治療 잠수병에 관한 이야기도 나오지만, 그것도 수압과 관련된 이야기이므로, 그 흐름에서입니다. ✕입니다.
4	◯	【訳】潜水と水圧との相関関係 잠수할 수 있는 깊이부터 이야기가 시작되며, 수압과의 관계, 잠수병 등의 이야기가 소개됩니다. ◯가 정답입니다.
5	✕	【訳】息さえ吸うことができれば、より深く潜水が可能だ。 잠수할 수 있는 깊이와 관련이 있는 두 번째 이유가 수압이라고 말하고 있습니다. ◯가 되지 않습니다.
6	✕	【訳】水中での圧力であれ高山での圧力であれ、ほとんど同じだ。 수중에서의 압력은 육지에서의 변화보다 훨씬 큽니다라고 말하고 있는 것과 모순됩니다. ✕입니다.
7	✕	【訳】水面に上昇する時は、速くするのが望ましい。 1초에 1미터의 속도를 유지한다고 말하고 있는 것과 모순됩니다. ✕가 됩니다.
8	◯	【訳】減圧を円滑に行わないと、潜水病にかかりやすい。 감압 과정을 지키지 않을 경우 잠수병 때문에 고통이라고 말하고 있는 것과 일치합니다. ◯입니다.

次を聞いて、設問に○か×で答えなさい。　　　　　　　🔊》 track045

　　가난한 가정에 태어나서 전쟁 통에 대학도 못 마치시고 가족을 부양하기 위해 어쩌다 들어선 교직에서 대학을 못 나왔다는 이유로 평교사로 끝을 맺어야 했던 저희 아버님의 삶은 열심이라는 한 마디로 축약될 수 있을 것 같습니다. 그때그때 주어진 상황과 환경 속에서 그저 열심히 사셨던 저희 아버님은 당신이 좋아하셨던 음악을 수단으로 교사가 되셨고 어쩌다 들어선 그 길에서 누구보다도 열심히 학생들을 길러 내셨습니다. 이제 기나긴 여정을 마치시고 천국 길에 오르신 아버님을 기쁨으로 보내 드리고자 합니다.

問題 1	男性がしていることは、
○○○	아버지가 남긴 업적을 소개하고 있다. である。

問題 2	男性がしていることは、
○○○	아버지의 교사로서의 업적을 돌이켜 보고 있다. である。

問題 3	男性がしていることは、
○○○	아버지의 삶을 소개하고 있다. である。

問題 4	男性がしていることは、
○○○	아버지와 작별하고 있다. である。

問題 5	아버지는 유복한 가정에서 태어났다.
○○○	は、本文の内容と一致している。

問題 6	아버지는 교사가 되려는 꿈을 가지고 있었다.
○○○	は、本文の内容と一致している。

問題 7	아버지는 교장으로 정년퇴직했다.
○○○	は、本文の内容と一致している。

問題 8	아버지를 잘 표현하는 단어는 '열심'이다.
○○○	は、本文の内容と一致している。

> 貧しい家庭に生まれて、戦争のさなか大学も卒業できず、家族を扶養するため、仕方なく踏み入れた教職の道で、大学を出ていないという理由で平教員として終わるしかなかった私の父の人生は、一所懸命というひと言に集約できると思います。その時その時に、与えられた状況と環境の中でただ一所懸命に生きた父は、好きだった音楽を手段に教師となり、仕方なく始めたその道で、誰よりも一所懸命に学生たちを育て上げました。今、長い旅路を終えて天国への道へ発たれる父を、嬉しい気持ちでお送りしたいと思います。

1 ✕
【訳】父が残した業績を紹介している。
저희 아버지의 삶은 말하기 시작하고 있습니다. 업적의 소개가 아닙니다. ✕ 입니다.

2 ✕
【訳】父の、教師としての業績を振り返っている。
저희 아버지의 삶은 말하기 시작하고 있습니다. 교사로서의 업적을 돌이켜 보다는 아닙니다. ✕ 입니다.

3 ○
【訳】父の人生を紹介している。
저희 아버지의 삶은 말하기 시작하고 있습니다. 이것이 지금 남성이 말하고 있는 것의 내용입니다.

4 ✕
【訳】父とお別れしようとしている。
천국 길에 오르신은, 장례식 때에 사용하는 말이기는 하지만, 지금 하고 있는 것은, 인사입니다.

5 ✕
【訳】父は裕福な家庭に生まれた。
가난한 가정에 태어나서라고 말하고 있는 내용과 모순됩니다. ✕ 입니다.

6 ✕
【訳】父は教師になろうという夢を持っていた。
어쩌다 들어선 교직에서라고 말하고 있습니다. 처음부터 교사가 되려는 꿈을 가지고 있었던 것은 아닙니다.

7 ✕
【訳】父は校長として定年退職した。
평교사로 끝을 맺어야 했던 설명을 하고 있는 것과 모순됩니다. ✕ 입니다.

8 ○
【訳】父をうまく言い表す単語は、一所懸命だ。
아버님의 삶은 '열심'이라는 한마디로 축약이라고 말하고 있는 남성의 말과 일치합니다. ○ 입니다.

次を聞いて、設問に○か×で答えなさい。　　　　　　　　■)) track046

　　오늘은 바쁘신 가운데 저희 결혼식에 참석해 주신 여러분
께 진심으로 감사의 말씀을 드립니다. 저희는 같은 회사에서
만났습니다. 제 아내가 저보다 입사 선배입니다. 일 못한다고
구박도 많이 받고 잘했다고 칭찬도 듣다가 사랑이 싹트게 됐
습니다. 무엇보다도 신념을 굽히지 않는 제 모습에 매력을 느
끼게 됐다는 게 제 아내의 고백입니다. 그리고 저는 때로는
자상한 누나같이 때로는 충실한 친구처럼 느껴지는 제 아내
의 모습을 보면서 이런 사람하고 가정을 꾸려야 되겠다고 결
심한 것이 오늘의 결혼식을 맞이하게 된 계기가 됐습니다.

問題 1	男性がしていることは、 회사에 입사하게 된 경위를 설명하고 있다. である。
問題 2	男性がしていることは、 결혼식에 와 준 하객들에게 인사를 하고 있다. である。
問題 3	男性がしていることは、 아내가 어떤 사람인가를 소개하고 있다. である。
問題 4	男性がしていることは、 결혼 상대로 적합한 사람을 고르고 있다. である。
問題 5	남자는 아내와 같이 입사했다. は、本文の内容と一致している。
問題 6	남자는 신념이 뚜렷한 사람이다. は、本文の内容と一致している。
問題 7	남자는 신뢰감을 주는 사람에게 호의적이다. は、本文の内容と一致している。
問題 8	남자는 신입 사원 때부터 유능했다. は、本文の内容と一致している。

本日はお忙しい中、私たちの結婚式にご参席くださった皆さまに、心から感謝申し上げます。私たちは同じ会社で出会いました。妻は、私よりも先輩です。仕事ができないからとたくさんいじめられたり、よくやったと褒められたりするうちに、愛が芽生えるようになりました。何よりも、信念を曲げない私の姿に魅力を感じるようになったというのが、妻の告白です。そして私は、時には優しい姉のように、時には忠実な親友のように感じられる妻の姿を見ながら、こんな人と家庭を築くべきだと決心したことが、今日の結婚式を迎えるきっかけとなりました。

| 1 | ✕ | 【訳】会社に入社することになった経緯を説明している。 |
| | | 결혼식에 참석해 주신 여러분께 감사의 말씀을 드립니다라고 말하고 있습니다. 회사의 이야기는 아닙니다. |

| 2 | ◯ | 【訳】結婚式に来てくれた賀客にあいさつしている。 |
| | | 冒頭のあいさつがそういう内容です。◯です。하객とは、賀客のハングル読みで、祝賀客の略です。 |

| 3 | ✕ | 【訳】妻がどんな人なのかを紹介している。 |
| | | 馴れ初めを披露している話の中に、제 아내の話も出てきます。妻の紹介ではありません。 |

| 4 | ✕ | 【訳】結婚相手として適した人を選んでいる。 |
| | | 結婚式場でのご挨拶なので、✕です。 |

| 5 | ✕ | 【訳】男性は妻と一緒に入社した。 |
| | | 제 아내가 입사 선배と言っていることと一致しません。✕です。 |

| 6 | ◯ | 【訳】男性は信念がはっきりしている人間だ。 |
| | | 신념을 굽히지 않는 제 모습と言っていることに符合します。◯でいいと思います。 |

| 7 | ✕ | 【訳】男性は信頼感を与えてくれる人に好意的だ。 |
| | | 신뢰감より、자상한 누나や충실한 친구タイプの人に好意的です。✕です。 |

| 8 | ✕ | 【訳】男性は新入社員の時から有能だった。 |
| | | 일 못한다고 구박도 많이 받고と新入社員の時に言われています。✕です。 |

次を聞いて、設問に○か×で答えなさい。　　　　　　◀)) track047

남자 : 이제 겨울이 다가오는데 겨울이 되면 피부 건조 때문
　　　에 고생하는 분들이 많죠?

여자 : 네, 겨울에 피부가 건조해지는 이유는 날씨가 차고 건
　　　조해서 피부 보호막이 제대로 만들어지지 않기 때문인
　　　데요. 이 피부 보호막은 피지가 충분히 분비돼야 갖춰
　　　지게 되는데 겨울철에는 분비가 활발하지 않습니다.
　　　그래서 체내 수분 함유량이 줄면서 피부가 조이거나
　　　당기는 느낌이 들게 되는 거죠. 피부가 건조해지면 가
　　　려워지고 무의식적으로 긁게 되잖아요. 이때 잘못하면
　　　습진이 생길 수도 있습니다. 그걸 예방하려면 보습제
　　　가 많이 도움이 됩니다.

問題 1	男性がもっとも言いたいことは、겨울철 건조한 피부에는 보습제가 효과적이다. である。
問題 2	男性がもっとも言いたいことは、건조 피부를 예방하려면 피부보호막이 중요하다. である。
問題 3	男性がもっとも言いたいことは、겨울철에는 체내 수분량이 줄어든다. である。
問題 4	男性がもっとも言いたいことは、피부가 건조하면 긁게 된다. である。
問題 5	날씨가 차고 건조하면 피부도 건조해진다. は、本文の内容と一致している。
問題 6	피부 보호막이 갖춰지면 안 가렵게 된다. は、本文の内容と一致している。
問題 7	피지 분비량이 적은 사람한테는 보습제가 효과적이다. は、本文の内容と一致している。
問題 8	체내 수분 함유량과 피부 건조와는 관련이 없다. は、本文の内容と一致している。

男性：もう冬が迫っていますが、冬になると、肌の乾燥のために苦労する人が多いですよね？
女性：はい、冬にお肌が乾燥する理由は、天気が寒く乾燥して皮膚保護膜がきちんと作られないためです。この皮膚保護膜は、皮脂が十分に分泌されると形成されるのですが、冬には分泌が活発ではありません。それで体内の水分含有量が減って、肌が締まったり引っ張られるような感じになるのです。肌が乾燥するとかゆくなり、無意識的に掻くようになりますよね。この時、下手をすると湿疹ができることがあります。それを予防するためには保湿剤がとても役に立ちます。

1	○	【訳】冬の季節の乾燥した肌には保湿剤が効果的だ。 冬になると乾燥肌になりやすく、それを予防するのは、보습제と言っているので、○が正解です。
2	×	【訳】乾燥肌を予防するには皮膚保護膜が重要だ。 피부 보호막は、乾燥肌を引き起こす理由を説明する中で出てくる話です。一番言いたいことではありません。
3	×	【訳】冬の季節には体内水分量が減る。 체내 수분 함유량이 줄면서と言っている内容と一致はしますが、一番言いたいことではありません。
4	×	【訳】肌が乾燥すると掻くようになる。 피부가 건조해지면 긁게 되잖아요と一致はしますが、一番言いたいことではありません。
5	○	【訳】天気が寒くて乾燥すると、肌も乾燥する。 피부가 건조해지는 이유는 날씨가 차고 건조해서と言っていることと一致します。○が正解です。
6	○	【訳】皮膚保護膜が形成されるとかゆくなくなる。 피부가 건조해지는 이유는 피부 보호막이 제대로 만들어지지 않기 때문を踏まえると、○でいいです。
7	○	【訳】皮脂の分泌量が少ない人には保湿剤が効果的だ。 피부가 건조해지는 것을 예방하기 위해 보습제が効果的と言っていることを踏まえると、○になります。
8	×	【訳】体内の水分含有量と肌の乾燥には関連がない。 체내 수분 함유량이 줄면서 피부가 조이거나 당기는と言っていることと矛盾します。×です。

次を聞いて、設問に〇か×で答えなさい。　　　　　　　　📢》 track048

남자 : 발을 제2의 심장이라고 부르지요. 왜 그런가요?

여자 : 심장에서 혈액을 뿜어 내는 혈액은 발끝 세포까지 전
　　　달됩니다. 발은 서고 걷는 운동 자극을 통해 다시 이
　　　혈액을 심장으로 보내 순환시키는 역할을 하는데요.
　　　그래서 제2의 심장이라고 하는 겁니다. 당연히 발의
　　　기능이 떨어지면 혈액 순환에도 영향을 주게 되는 거
　　　지요. 발이 붓거나 하는 것은 바로 혈액 순환이 안 좋
　　　기 때문에 생기는 현상입니다. 발은 걸을 때는 몸무게
　　　의 3배, 뛸 때는 몸무게의 7배에 달하는 하중을 감당
　　　합니다. 그래서 발에 문제가 생기면 자세도 망가지고
　　　몸 전체 건강에 악영향을 미칠 수 있습니다.

問題 1 ○○○	女性がもっとも言いたいことは、발은 제2의 심장이기 때문에 건강에 유의하여야 한다. である。
問題 2 ○○○	女性がもっとも言いたいことは、발은 혈액을 순환시키는 역할을 하므로 깨끗해야 한다. である。
問題 3 ○○○	女性がもっとも言いたいことは、발에 문제가 생기면 자세를 바꾸어 줘야 한다. である。
問題 4 ○○○	女性がもっとも言いたいことは、발의 기능이 떨어지지 않도록 검사를 받아야 한다. である。
問題 5 ○○○	발에는 생각보다 많은 하중이 걸린다. は、本文の内容と一致している。
問題 6 ○○○	발의 운동 자극이 심장을 튼튼하게 한다. は、本文の内容と一致している。
問題 7 ○○○	발이 붓는 것은 혈액 순환이 빨리 되기 때문이다. は、本文の内容と一致している。
問題 8 ○○○	발 건강을 잘 유지하는 것이 몸 건강과도 직결된다. は、本文の内容と一致している。

解答・解説

男性：足を、第2の心臓と呼びます。なぜでしょうか？
女性：心臓から送り出す血液は、足の先の細胞まで伝達されます。足は、立って歩く運動の刺激を通じて、再びこの血液を心臓へと送り循環させる役割をします。それで、第2の心臓と言うのです。当然、足の機能が落ちると血液の循環にも影響を与えることになりますね。足がむくんだりするのは、まさに血液の循環が悪いために起こる現象です。足は、歩く時には体重の3倍、走る時は体重の7倍に達する荷重に耐えています。それで、足の問題が生じると姿勢も崩れ、体全体の健康に悪影響を与えることもあるのです。

1	○	【訳】足は第2の心臓なので、健康に留意しなければならない。 그래서 제2의 심장이라고 하는 겁니다에 모두 축약되어 있습니다. 일번 말하고 싶은 것으로 틀림없습니다.
2	×	【訳】足は、血液を循環させる役割をするので、きれいでなければならない。 확실히 그런 것이지만, 일번 말하고 싶은 것인가 하면, 그렇지는 않습니다.
3	×	【訳】足に問題が生じると、姿勢を変えてやらなければならない。 발에 문제가 생기면 자세를 바꾸어가 일번 말하고 싶은 것인가 하면, 그렇지는 않습니다.
4	×	【訳】足の機能が落ちないように、検査を受けなければならない。 검사를 받아야 한다는, 애초에 발언 중에서는, 알 수 없습니다. ×입니다.
5	○	【訳】足には思ったより多くの荷重がかかる。 걸을 때는 몸무게의 3배, 뛸 때는 몸무게의 7배에 달하는 하중이라고 말하고 있는 것과 일치합니다. ○입니다.
6	×	【訳】足の運動の刺激が、心臓を丈夫にする（強くする）。 심장을 튼튼하게 한다고는 말하지 않았습니다. 순환시키는 역할을 한다고 말하고 있습니다. ×입니다.
7	×	【訳】足が腫れるのは、血液循環が早く行われるからだ。 발이 붓거나 하는 것은 혈액 순환이 안 좋기 때문이라고 말하고 있는 것과 모순됩니다. ×입니다.
8	○	【訳】足の健康を維持することが、体の健康管理にも直結する。 발에 문제가 생기면 몸 전체 건강에 악영향이라고 말하고 있는 것과 거의 같은 의미이므로, ○입니다.

次を聞いて、設問に〇か×で答えなさい。　　　　　　　　◀)) track049

여자 : 한때 설탕을 대체하는 천연 물질로 인기를 끌었던 아가베 시럽이 왜 문제라는 겁니까?

남자 : 아가베 시럽은 당 지수가 백설탕의 3분의 1 수준인데 비해 당도는 1.5배 정도 높습니다. 그래서 훨씬 적은 양으로도 단맛을 낼 수 있고 천연 유기농 제품이라 설탕이나 꿀 대신으로 인기를 끌었던 거지요. 그런데 이 아가베 시럽은 과당의 비율이 굉장히 높습니다. 설탕에 들어있는 과당이 50% 정도인데 비해 아가베 시럽에는 무려 70% 이상 들어 있습니다. 그러니까 아가베 시럽을 먹으면 과당 그 자체를 먹는 것이나 똑같다는 이야기가 되는 겁니다. 과당은 대사 작용을 할 때 간에 큰 부담을 줍니다. 그래서 위험한 당분이라고 하는 겁니다.

問題 1 ○○○	上の会話の前の内容として適切なのは、아가베 시럽은 천연 당이기 때문에 무해하다. である。
問題 2 ○○○	上の会話の前の内容として適切なのは、아가베 시럽은 위험 식품으로 봐야 한다. である。
問題 3 ○○○	上の会話の前の内容として適切なのは、과당을 안전한 당분이라고 보는 것은 잘못이다. である。
問題 4 ○○○	上の会話の前の内容として適切なのは、아가베 시럽은 설탕의 대체 식품으로 인기가 있다. である。
問題 5 ○○○	아가베 시럽은 적은 양으로 설탕의 맛을 대신한다. は、本文の内容と一致している。
問題 6 ○○○	아가베 시럽은 설탕보다 많은 과당을 함유하고 있다. は、本文の内容と一致している。
問題 7 ○○○	과당을 지나치게 섭취하면 간에 많은 부담이 간다. は、本文の内容と一致している。
問題 8 ○○○	천연 과당은 인체에 나쁜 영향을 주지 않는다. は、本文の内容と一致している。

女性：一時、砂糖に替わる天然物質として人気だったアガベシロップが、なぜ問題なのですか？

男性：アガベシロップは、糖指数が白砂糖の3分の1の水準なのに比べて、糖度は1.5倍くらい高いのです。そのため、はるかに少ない量でも甘みを出すことができるし、天然オーガニック製品だということで、砂糖やハチミツの替わりとして人気を呼んだのです。ところが、このアガベシロップは果糖の比率がとても高いのです。砂糖に含まれる果糖が50％くらいなのに対して、アガベシロップには何と70％以上含まれています。したがって、アガベシロップを摂ると果糖それ自体を食べるのと同じだということになるのです。果糖は代謝作用（分解）をする時、肝臓に大きな負担を与えます。それで危険な糖分と言うのです。

1	✕	【訳】アガベシロップは天然糖のため無害だ。 아가베 시럽이 왜 문제라는 겁니까? 라는 여성의 질문과 흐름적으로 합쳐지지 않는 발언입니다.
2	◯	【訳】アガベシロップは危険食品と見なすべきだ。 아가베 시럽이 왜 문제라는 겁니까? 라는 여성의 질문의 전제로서 적절합니다. ◯입니다.
3	✕	【訳】果糖を安全な糖分だと見るのは間違っている。 과당의 이야기는 아닙니다. 아가베 시럽의 이야기이므로, ✕입니다.
4	✕	【訳】アガベシロップは砂糖の代替食品として人気がある。 인기가 있다면, 아가베 시럽이 왜 문제라고는 말하지 않습니다. ✕입니다.
5	◯	【訳】アガベシロップは、少ない量で砂糖の味の替わりをする。 당도가 1.5배 정도 높습니다라고 말하고 있는 것과 일치합니다. ◯입니다.
6	◯	【訳】アガベシロップは、砂糖よりも多くの果糖を含有している。 아가베 시럽은 과당의 비율이 굉장히 높습니다라고 말하고 있는 것과 일치합니다. ◯입니다.
7	◯	【訳】果糖を過大に摂取すると、肝臓に多くの負担がかかる。 과당은 대사 작용을 할 때 간에 큰 부담을 줍니다라고 말하고 있는 것과 일치합니다. ◯입니다.
8	✕	【訳】天然果糖は、人体に悪い影響を与えない。 천연 유기농 제품이라 할지라도, 높은 과당의 비율이 문제가 된다고 지적하고 있는 것과 모순됩니다. ✕입니다.

次を聞いて、設問に〇か×で答えなさい。　🔊 track050

여자 : 국민 10명 중 6명이 모병제 도입에 찬성한다는 여론 조사 결과에 대해 어떻게 생각하십니까?

남자 : 여론 조사 내용을 보면 모병제에 찬성하는 사람은 전문성이 높아져서 국방력이 강화된다, 인구 감소에 대비해서 병역 구조를 개편해야 하기 때문에 당연한 것 아니냐는 등의 반응을 보이고 있고요. 반대하는 사람은 남북의 대치 상황이 계속되고 있는 상황에서 힘든 이야기다. 누가 지원하겠느냐는 등의 반응을 보이고 있습니다. 어느 정도의 월급이 적절하냐는 질문에 대해서는 200만 원에서 250만 원이라는 대답이 제일 많았고 눈여겨봐야 할 것은 여성 징병제 도입에 대해서 찬성하는 의견이 과반수를 넘었다는 것입니다.

問題 1	上の会話の前の内容として適切なのは、남녀 천 명에게 병역 제도에 관한 의견을 조사했다. である。
問題 2	上の会話の前の内容として適切なのは、인터넷 조사로 병사들의 적정 급여액을 물었다. である。
問題 3	上の会話の前の内容として適切なのは、전화 조사로 여성 징병제에 대해 찬반을 물었다. である。
問題 4	上の会話の前の内容として適切なのは、전화 조사로 남북의 대치 상황에 대한 의견을 물었다. である。
問題 5	모병제는 반대보다 찬성하는 쪽이 우세이다. は、本文の内容と一致している。
問題 6	인구 감소를 감안하면 모병제도 검토해야 한다. は、本文の内容と一致している。
問題 7	지원하는 숫자가 목표를 채우지 못할 가능성이 있다. は、本文の内容と一致している。
問題 8	여성 징병제가 화제에 오르기 시작한다. は、本文の内容と一致している。

女性：国民10人中6人が、志願兵制度に賛成だという世論調査結果について、どのようにお考えですか？

男性：世論調査の内容を見ると、志願兵制度に賛成する人は、専門性が高まって国防力が強化される、人口の減少に備えて兵役の構造を改善すべきなので当然なのではないか、などの反応を示していますね。反対する人は、南北の対峙状況が続いている状況では難しい話だ、誰が志願するのか、などの反応を示しています。どのくらいの給料が適切かという質問については、200万ウォンから250万ウォンとの答えが最も多く、注目すべきは、女性の徴兵制導入について賛成する意見が過半数を超えたということです。

1	◯	【訳】男女1000人に、兵役制度に関する意見を調査した。 모병제 도입에 찬성한다는 여론 조사 결과에의 질문부터 이야기가 시작되고 있으므로, 앞의 내용으로 적절합니다.
2	✕	【訳】インターネットで兵士たちの適正給与額を尋ねた。 병사들의 적정 급여액은, 世論調査의 항목 중 일부에 지나지 않습니다. ✕입니다.
3	✕	【訳】電話調査で、女性の徴兵制について賛否を尋ねた。 世論調査의 대상은, 모병제이므로, 여성 징병제는 아닙니다. ✕입니다.
4	✕	【訳】電話調査で、南北の対峙状況について意見を聞いた。 世論調査의 대상은, 모병제이므로, 남북의 대치 상황은 아닙니다. ✕입니다.
5	◯	【訳】志願兵制度は、反対より賛成する側が優勢だ。 10명 중 6명이 찬성한다이므로, 찬성하는 쪽이 우세이다고 말할 수 있습니다.
6	◯	【訳】人口減少を勘案すると、志願兵制度も検討すべきだ。 인구 감소에 대비해서 당연한 것 아니냐고 말하고 있는 것을 감안하면, ◯가 됩니다.
7	◯	【訳】志願する数が、目標を満たせない可能性がある。 누가 지원하겠느냐고 말하고 있는 것을 감안하면, 목표를 채우지 못할 가능성도 나옵니다. ◯입니다.
8	◯	【訳】女性の徴用制が話題に上り始める。 여성 징병제 도입에 대해서 찬성이라고 말하고 있는 것을 감안하면, 화제에 오르기 시작한다고 말할 수 있습니다.

次を聞いて、設問に○か×で答えなさい。　🔊》track051

　저는 그저 아주 평범한 사람입니다. 아주 평범하게 살고 있고 평범하게 생각합니다. 특이하게 뭘 쫓지도 않고 딱히 굉장한 성공을 바라지도 않습니다. 아이들도 그냥 평범하게 자라 주었으면 좋겠고 여기저기 모나고 상처 주고 상처 받고 그러지 않았으면 좋겠습니다. 아주 평범하게 먹고 싶은 것은 어느 정도 먹고 가고 싶은 곳은 어느 정도 갔으면 좋겠습니다. 그런데 어느 날 저의 평범함을 앗아 가는 일이 돌연 발생합니다. 별난 것을 원하는 것도 아니고 내 권리 주장을 하는 것도 아니며 그냥 좋아하는 일본에 가서 맛있는 스시 먹고 온천 즐기고 그러고 싶은데 남의 눈치를 봐야 하는 아주 이상한 바람이 붑니다.

問題1	この講演の主題は、나는 딱히 굉장한 권리를 요구하는 것이 아니다. である。
問題2	この講演の主題は、나의 잔잔한 일상이 흐트러지는 일이 생겼다. である。
問題3	この講演の主題は、나는 내가 좋아하는 일본에서의 시간을 소중히 여긴다. である。
問題4	この講演の主題は、나는 그저 평범하게 살기를 원한다. である。
問題5	나는 평범하게 살기를 원한다. は、本文の内容と一致している。
問題6	나는 그냥 흐름에 묻혀 있는 세월들이 편하다. は、本文の内容と一致している。
問題7	나는 그저 잔잔하게 있고 싶을 뿐이다. は、本文の内容と一致している。
問題8	나는 나의 평범이 깨뜨려지는 걸 원치 않는다. は、本文の内容と一致している。

> 　私は、ただの、とても平凡な人間です。すこぶる普通に暮らしており、考えるのも普通です。特別に何かを追っかけるわけでもなく、とりわけすごい成功を望んだりもしません。子どもたちも、普通に育ってくれればよく、あれやこれやぎくしゃくしたり、傷つけたり傷つけられたりしないでほしいなと思います。とても平凡に、食べたいものはある程度食べて、行きたい所もある程度行ければいいかなと思います。ところが、ある日、私の平凡さを奪う出来事が突然発生します。変わったものを望むわけでもなく自分の権利を主張するわけでもなく、ただ好きな日本に行って寿司を食べたり、温泉を楽しんだり、そうしたいのに、他人の顔色をうかがわなければならない、とてもおかしな風が吹き始めます。

1	✕	【訳】私は、とりわけ大げさな権利を要求するわけではない。 굉장한 권리를 요구하는 것이 아니다는、 아주 평범한 사람이 생각하는 것입니다. 중심 내용에서는 아닙니다.
2	✕	【訳】私の穏やかな日常が乱れる出来事が起きた。 잔잔한 일상은、아주 평범한 사람이 좋아하는 일상입니다. 하지만、중심이 되는 내용이라고는 말할 수 없습니다.
3	✕	【訳】私は、私が好きな日本での時間を大切に思っている。 내가 좋아하는 ～소중히 여긴다 도、아주 평범한 사람이 하는 것입니다. 하지만、이야기의 중심은 아닙니다.
4	◯	【訳】私はただ平凡に暮らすことを望んでいる。 이것이 이 강연의 가장 중심이 되는 내용입니다. 나머지는、보통의 사람이 하고 싶은 것、생각하고 있는 것의 예입니다.
5	◯	【訳】私は平凡に暮らすことを望んでいる。 평범하게 살고 있고 평범하게 생각한다에 부합합니다. ◯입니다.
6	◯	【訳】私はただ流れに埋もれている歳月が楽だ。 딱히、특이하게～않고、평범하게 등의 말은、흐름에 묻혀 있는를 보내는 중에 나오는 말입니다. ◯입니다.
7	◯	【訳】私はただ穏やかにいたいだけだ。 딱히、특이하게～않고、평범하게 생활하면、잔잔하게 있고 가 가능해집니다. ◯입니다.
8	◯	【訳】私は私の平凡が壊されることを望まない。 평범함을 앗아 가는 일에 대해서、아주 이상한 바람과 비판하고 있습니다. 그 내용에 부합합니다. ◯입니다.

次を聞いて、設問に〇か×で答えなさい。　　　　　🔊》 track052

　정치가 무엇입니까? 사람이 사람으로 살아가게 하는 것, 이것이 바로 정치입니다. 태어나 자라서 남편과 아내를 만나 가정을 꾸미고 자녀를 낳아 기르면서 나이가 들어 가고, 이런 모든 생의 영위가 막힘없이 흘러가도록 하는 것이 정치입니다. 삶의 흐름을 뚫으라고 하는 것도 아니고 새로운 흐름을 만들라는 것도 아닙니다. 그저 흘러갈 수 있도록 하라는 것입니다. 그렇게 해야 할 정치가가 왜 사람과 사람 사이를 막습니까? 정치가가 하나님입니까? 대통령이 하나님입니까? 세 치 혀로 사람을 속이면 속여집니까? 총리대신은 하나님이 아닙니다. 그저 한 자연인으로서 자신을 진지하게 들여다보는 정치가가 과연 몇이나 될지 한심스러울 따름입니다.

問題 **1** ○○○	この講演の主題は、정치가도 한 사람일 뿐이다. である。
問題 **2** ○○○	この講演の主題は、정치가는 공연 스태프이지 주연 배우가 아니다. である。
問題 **3** ○○○	この講演の主題は、정치가는 사람을 막을 권리도 생각을 막을 권리도 없다. である。
問題 **4** ○○○	この講演の主題は、정치가는 하나님이 되려고 하면 안 된다. である。
問題 **5** ○○○	삶을 흐름대로 흘러가게 하는 것이 정치이다. は、本文の内容と一致している。
問題 **6** ○○○	대통령이든 총리대신이든 흐름을 막는 것은 옳지 않다. は、本文の内容と一致している。
問題 **7** ○○○	정치가는 때에 따라 흐름을 막을 수도 있다. は、本文の内容と一致している。
問題 **8** ○○○	정치가는 직무 성격상 자연인이 될 수 없다. は、本文の内容と一致している。

解答・解説

政治とは何でしょうか？ 人が人として生きていけるようにすること、これがまさに政治です。生まれて、成長し、夫や妻に出会って家庭を築き、子を産み育てながら歳をとり、このようなすべての生の営みがよどみなく流れるようにするのが政治です。生の流れを切り開けと言っているわけでも、新たな流れを創れと言っているわけでもありません。ただ流れるがままにしておけと言っているだけなのです。そうすべき政治家が、なぜ人と人との仲を阻むのでしょうか？ 政治家が神ですか？ 大統領が神ですか？ 三寸の舌（口先）で人を騙せば騙されるのですか？ 総理大臣は神ではありません。ただ、1人の自然人として、自分と真摯に向き合う政治家が果たして何人いるのか、嘆かわしい限りです。

1	×	【訳】政治家も1人の人間に過ぎないのだ。 정치가가 하나님입니까? と強く反問しているところがこの話の中心内容です。なので、これは×です。
2	×	【訳】政治家は公演スタッフであって、主演俳優ではない。 確かにそうですが、これは政治家は 하나님이 아니다の別の言い方と言えるので、中心ではありません。
3	×	【訳】政治家は人を阻む権利も、考えを阻む権利もない。 정치가는 하나님이 아니다の延長線上で出てくる話です。中心となるとは言えません。
4	○	【訳】政治家は神になろうとしてはいけない。 정치가가 하나님입니까? と強く批判していることを踏まえると、これが中心内容と言えます。
5	○	【訳】人生を、流れるがままにしておくのが政治である。 그저 흘러갈 수 있도록 하라는 것입니다と本文中で言っていることに符合します。○です。
6	○	【訳】大統領であれ総理大臣であれ、流れを止めるのは正しくない。 왜 사람과 사람 사이를 막습니까? と막ることは正しくないと言っているので、○です。
7	×	【訳】政治家は時には、流れを止めることもできる。 흐름을 막을 수도 있다は、女性の言いたいことに一番反します。×です。
8	×	【訳】政治家は職務の性格上、自然人にはなれない。 한 자연인으로서 진지하게 들여다보는 정치가が望ましいと言っているので、×です。

次を聞いて、設問に〇か×で答えなさい。　◀)) track053

　새끼 호랑이가 자라 어미와 거의 같은 크기가 되면 어미 호랑이는 새끼들에게 먹이기 위해 멧돼지나 사슴을 이틀에 한 번 꼴로 사냥을 해야 한다. 그러나 이것은 쉬운 일이 아니다. 그렇기 때문에 자연히 새끼 호랑이도 자기가 먹을 먹이를 사냥하게 된다. 호랑이는 한 번 먹이를 잡으면 먹이 주변에 머무르면서 하루에 두 차례 정도 배를 채우는데 호랑이가 사슴 한 마리를 다 먹어 치우는데 걸리는 시간은 보통 이틀 정도이다. 이렇게 잡은 먹이를 처음에는 사이좋게 나누어 먹기도 하지만 태어나 3년 정도가 지나면서 서서히 그런 일은 없어져 간다. 그리고 대개 이 시점을 계기로 새끼 호랑이는 독립을 하게 된다.

問題
1
このドキュメンタリーの主題は、호랑이는 자신이 먹기 위해 사냥을 시작하게 된다. である。

問題
2
このドキュメンタリーの主題は、호랑이는 처음에는 서로 먹이를 나누기도 한다. である。

問題
3
このドキュメンタリーの主題は、
호랑이는 사냥한 먹이 주변에 머무른다. である。

問題
4
このドキュメンタリーの主題は、
호랑이는 한 번의 식사로 사흘을 지낸다. である。

問題
5
トラが独り立ちするようになる兆候は、
먹이를 놓고 다른 호랑이를 경계하기 시작할 때である。

問題
6
トラが独り立ちするようになる兆候は、
먹이를 혼자 사냥하게 되었을 때である。

問題
7
トラが独り立ちするようになる兆候は、
어미와 거의 같은 크기가 될 때である。

問題
8
トラが独り立ちするようになる兆候は、
형제와 같이 안 있게 될 때である。

トラの赤ちゃんが成長して母親とほとんど同じ大きさになると、トラの母親（母トラ）は子どもたちに食べさせるため、イノシシやシカを2日に一度の割合で仕留めなければならない。しかし、これは簡単なことではない。そのため、自然に子どものトラも自分が食べる餌食は狩りをするようになる。トラは一度餌食を捕らえると、餌食の周辺にとどまりながら1日に2回くらいお腹を満たせるのだが、トラがシカ1頭をすべて食べ尽くすのにかかる時間は、普通2日くらいだ。こうして捕らえた餌食を、はじめは仲良く分け合うのだが、生まれて3年も経つと、徐々にそのようなことはなくなっていく。そして大概この時点を契機に、トラは独り立ちするようになる。

1	○	【訳】トラは、自分が食べるために狩りを始めるようになる。 成長するに連れ、トラがいつのタイミングで狩りを始めるのかを説明するドキュメンタリーなので、○です。
2	×	【訳】トラははじめは、互いに餌食を分けたりもする。 本文中に出てくる内容ではありますが、中心となるものではありません。×です。
3	×	【訳】トラは、狩りをした餌食の周辺にとどまる。 本文中に出てくる内容と一致はしますが、中心となるものではありません。×です。
4	×	【訳】トラは、一度の食事で3日を過ごす。 本文中に出てくる内容と一致はしますが、中心となる内容ではありません。×です。
5	○	【訳】餌食を置いて、他のトラを警戒し始める時 이 시점을 계기로 새끼 호랑이는 독립と最後に言っているので、これが独り立ちの兆候となります。
6	×	【訳】餌食を独りで獲れるようになった時 独りで狩りをすることは、独立と直接関係ありません。×です。
7	×	【訳】母トラとほとんど同じ大きさになった時 体の大きさが独立への直接兆候になるわけではありません。重要なのは、餌のことです。
8	×	【訳】兄弟と一緒にいないようになった時 兄弟と一緒にいる、いないは、独立と無関係です。重要なのは、餌のことです。

次を聞いて、設問に〇か×で答えなさい。　　　　　🔊 track054

　돈이 최고의 가치를 가지는 자본주의 세상에서는 누구나 다 부자가 되고 싶어 한다. 그러나 다 부자가 되지는 않는다. 현대와 같은 금융 자본주의 하에서 부자가 될 수 있는 금융 지능이라는 것이 과연 있는 것일까? 옛날에는 안 쓰고 안 먹고 저축을 하면 언젠가 잘살게 될 것이라고 믿었다. 고금리 시대였기 때문이다. 그러나 90년대에 들어와 금융 시장이 개방되면서 환경이 180도로 바뀌었다. 2000년에 생긴 금융지주 회사법 후 저축이라는 말은 자취를 감추고 펀드나 주식과 같은 재테크가 주류가 되었다. 투자 회사를 만든 은행들은 자체 수익을 올리기 위해 순진한 고객들을 꼬드겨 펀드나 채권, 주식에 투자하도록 회유하는 일이 비일비재로 생겨났다. 당연히 그 중에는 평생 모은 재산을 날리는 일도 허다해 많은 부작용을 낳았다.

問題 **1** ○○○	このドキュメンタリーの主題は、 자본주의 하에서는 돈을 버는 머리가 따로 있다. である。
問題 **2** ○○○	このドキュメンタリーの主題は、 자신의 재산을 지키려면 금융 지능을 발휘해야 한다. である。
問題 **3** ○○○	このドキュメンタリーの主題は、 부자가 되려면 재테크 수단에 밝아야 한다. である。
問題 **4** ○○○	このドキュメンタリーの主題は、 티끌 모아 태산은 어느 시대에나 통용된다. である。
問題 **5** ○○○	貯蓄だけが、いい暮らしができる道だということを信じていた人々に、銀行がしつこく投資を勧めるようになった理由は、그것이 돈을 벌 수 있는 수단이라 믿었기 때문에である。
問題 **6** ○○○	貯蓄だけが、いい暮らしができる道だということを信じていた人々に、銀行がしつこく投資を勧めるようになった理由は、자신들이 만든 투자 회사의 수익을 올리기 위해서である。
問題 **7** ○○○	貯蓄だけが、いい暮らしができる道だということを信じていた人々に、銀行がしつこく投資を勧めるようになった理由は、당시는 저금리시대였기 때문にである。
問題 **8** ○○○	貯蓄だけが、いい暮らしができる道だということを信じていた人々に、銀行がしつこく投資を勧めるようになった理由は、투자가 자산을 늘리는 방법이었기 때문にである。

お金が最高の価値を持つ資本主義の世の中では、誰もが皆、金持ちになりたがる。しかし、皆が金持ちにはならない。現代のような金融資本主義のもとで金持ちになれる金融知能というのが、果たしてあるのだろうか？ 昔は、使わず、食わずで貯蓄をすれば、いつかいい暮らしができると信じられていた。高金利時代だったからだ。しかし、90年代に入り金融市場が開放されると、環境が180度変わった。2000年にできた金融持株会社以降、貯蓄という言葉は姿を消し、ファンドや株式といった財テクが主流となった。投資会社を作った銀行は、内部収益を上げるために純真な顧客をそそのかして、ファンドや債券、株式に投資するよう丸め込むことが、度々起きるようになった。当然その中には、生涯かけて蓄えた全財産をなくすことも珍しくなく、多くの副作用を生んだ。

1	✕	【訳】資本主義の下では、お金を稼ぐ頭が他に（別に）ある。 確かにそうかもしれませんが、中心となる内容かと言ったら、違います。
2	◯	【訳】自身の財産を守るには、金融知能を発揮しなければならない。 最初の금융 지능の話が、最後の평생 모은 재산을 날리는 일につながるので、これが中心と言えます。
3	✕	【訳】金持ちになるには、財テクの手段に明るくなければならない。 このような話は、特に出てきていません。✕です。
4	✕	【訳】塵も積もれば山となる、はどの時代にも通用する。 옛날에는に通じる話です。その後、環境は劇的に変わったと言っているので、✕です。
5	✕	【訳】それが、お金を稼ぐ手段だと信じていたから 銀行が勧めたのは、자체 수익을 올리기 위해と言っています。돈을 벌 수 있는 수단と考えていません。
6	◯	【訳】自分たちが作った投資会社の収益を上げるために 자체 수익을 올리기 위해と言っていることとつながります。◯です。
7	✕	【訳】当時は低金利示談だったから 투자 회사 수익을 올리기 위해と言っています。저금리 시대だからではありません。
8	✕	【訳】投資が、資産を増やす方法だったから 자산을 늘리는 방법と銀行は、考えていません。수익을 올리기 위해서でした。✕です。

次を聞いて、設問に○か×で答えなさい。　　　　🔊)) track055

　국가란 일정한 영토를 기반으로 고유의 통치권을 가지고 통치되는 정치적 공동체를 말합니다. 영토, 국민, 주권을 국가의 3요소라 부르는데 이것은 독일의 법학자이며 국가학자인 게오르크 옐리네크가 한 말입니다. 그러니까 주권, 다른 말로 이야기하면 권력이 영토와 국민을 내외의 간섭을 받지 않고 통치해야 그것이 국가다라고 보고 있는 것입니다. 국제법상 이 3요소를 가지면 국가라고 보지만 가지지 못하면 국가로서 인정받지 못합니다. 그런데 이 국가는 근대의 역사적 산물입니다. 그러니까 근대 이전에는 국가란 개념이 존재하지 않았다는 이야기죠.

問題 1	국가로 인정을 받으려면 고유의 영역을 가져야 한다. は、この講演の内容と一致する。
問題 2	사회적 민족적 공동체도 국가가 될 수 있다. は、この講演の内容と一致する。
問題 3	국민에 대한 고유의 통치권이 없다면 국가가 아니다. は、この講演の内容と一致する。
問題 4	다른 나라로부터 승인을 받으면 국가가 될 수 있다. は、この講演の内容と一致する。
問題 5	女性が話している内容は、국가의 정의에 대해 설명하고 있다. である。
問題 6	女性が話している内容は、주권과 권력의 의미를 비교하고 있다. である。
問題 7	女性が話している内容は、국가의 형성 과정을 서술하고 있다. である。
問題 8	女性が話している内容は、국가 승인의 요건을 요약하고 있다. である。

国家とは、一定の領土を基盤に固有の統治権をもって統治される、政治的共同体のことを指します。領土、国民、主権を国家の3要素と呼びますが、これは、ドイツの法学者であり国家学者のゲオルグ・イェリネックが言った言葉です。そのため主権、言い換えると権力が、領土と国民を、内外の干渉を受けることなく統治して始めて、それが国家であるとされるのです。国際法上、この3要素を持っていれば国家と見なされますが、持たなければ国家として認められません（認定されません）。ところが、この国家は近代の歴史的産物なのです。つまり、近代以前には国家という概念が存在しなかったということです。

| 1 | ✕ | 【訳】国家として認められるには、固有の領域を持たなければならない。 |
| | | 고유의 영역과 고유의 통치권とは、違います。✕です。 |

| 2 | ✕ | 【訳】社会的民族的共同体も、国家となることができる。 |
| | | 사회적 민족적 공동체는, 정치적 공동체にならない限り、国家にはなれません。✕です。 |

| 3 | ◯ | 【訳】国民に対する固有の統治権がなければ、国家ではない。 |
| | | 고유의 통치권을 가지고 통치되는と言っている内容に符合します。◯です。 |

| 4 | ✕ | 【訳】他の国から承認を受ければ、国家となることができる。 |
| | | 국제법상 3요소를 가지면 국가라고 보지만と言っています。承認が重要なわけではありません。 |

| 5 | ◯ | 【訳】国家の定義について説明している。 |
| | | 何を国家と言えるのかについて説明しているので、◯です。 |

| 6 | ✕ | 【訳】主権と権力の意味を比較している。 |
| | | 最初から最後まで一貫して、国家の概念を説明しています。✕です。 |

| 7 | ✕ | 【訳】国家の形成過程を叙述している。 |
| | | 형성 과정ではありません。何を国家と呼ぶかです。 |

| 8 | ◯ | 【訳】国家承認の要件を要約している。 |
| | | 何を国家と言えるのかについての説明ですから、승인의 요건と言えます。◯です。 |

次を聞いて、設問に○か×で答えなさい。　🔊 track056

여자 : 요즘 국제 전화 사기가 급증하고 있다고 하는데요, 어떤 방
　　　법으로 접근을 하는 겁니까?

남자 : 최근에 플러스 675, 676, 678, 685, 혹은 플러스 887 등
　　　의 번호로 걸려 오는 국제 전화 때문에 피해를 입는 사례가
　　　자주 발생하고 있는데요. 원링 스팸이라고 휴대 전화 벨을
　　　한 번만 울리게 하는 거예요. 받으면 즉시 끊기죠. 요즘 해
　　　외 직구를 많이 하기 때문에 혹시 해외 결제와 관련된 전화
　　　인가 싶어서 콜백을 하는 경우가 있는데 이때 잘못하면 국
　　　제 통화료 폭탄을 맞게 됩니다. 그렇지 않더라도 대출이나
　　　성인 광고 등이기 때문에 잘 알지 못하는 국제 전화 부재중
　　　통화 기록이 있다면 절대로 콜백을 하지 않는 것이 좋습니
　　　다. 수신도 마찬가지입니다. 모르는 국제 전화 번호가 뜰
　　　때는 무조건 안 받는 것이 안전합니다.

問題 1	최근에 콜백 유도 사기 전화가 기승을 부리고 있다. は、本文の内容と一致している。
問題 2	국제 전화 스팸 발신 전화번호는 일정하지 않다. は、本文の内容と一致している。
問題 3	잘 모르는 국제 전화는 그냥 무시하는 것이 좋다. は、本文の内容と一致している。
問題 4	해외 직구와 관련된 전화인지 반드시 확인해야 한다. は、本文の内容と一致している。
問題 5	男性の態度として適切なのは、국제 전화 사기에 대해 주의를 환기하고 있다. である。
問題 6	男性の態度として適切なのは、원링 스팸의 악질성을 고발하고 있다. である。
問題 7	男性の態度として適切なのは、해외 직구의 위험성을 설명하고 있다. である。
問題 8	男性の態度として適切なのは、해외 결제의 안전성 제고를 요구하고 있다. である。

女性：近頃、国際電話詐欺が急増しているそうですが、どのような方法で接近するのでしょうか？

男性：最近はプラス675、676、678、685、またはプラス887などの番号からかかってくる国際電話のせいで被害を受ける事例がたびたび発生しています。ワン切りという、携帯電話のベルを1度だけならすものです。出るとすぐに切れます。近頃、海外直接購入が多いので、もしかして海外決済と関連した電話なのかと思ってコールバックする場合がありますが、この時、下手をすると国際電話料爆弾を食らうことになります。そうでなくても、ローンや成人広告などの場合が多いので、知らない国際電話の留守番電話記録があっても絶対にコールバックをしないほうがいいです。受信も同じです。知らない国際電話番号が表示された時は、絶対出ないのが安全です。

1	◯	【訳】最近、コールバック誘導詐欺電話が猛威を振るっている。
		국제 전화 사기 중에, 콜백 유도 사기 전화가 포함되므로, ◯です。
2	◯	【訳】国際電話スパムの発信番号は一定ではない。
		本文中に、かかってくる番号が一定しない数字が書いてあるので、◯と言えます。
3	◯	【訳】よく分からない国際電話はそのまま無視するのがいい。
		모르는 국제 전화 번호가 뜰 때는 무조건 안 받는 것과 주의하고 있습니다。◯です。
4	✕	【訳】海外直接購入と関連した電話なのか、必ず確認しなければならない。
		이때 잘못하면 국제 통화료 폭탄을 맞게 됩니다와 주의하고 있습니다。確認してはいけません。✕です。
5	◯	【訳】国際電話詐欺について注意を喚起をしている。
		～것이 좋습니다、～것이 안전합니다などは、注意喚起する時の言い方です。◯です。
6	◯	【訳】ワン切りの悪質性を告発している。
		원링 스팸の危険性として、국제 통화료 폭탄などの悪質な例を説明しています。◯です。
7	◯	【訳】海外直接購入の危険性を説明している。
		해외 직구를 많이 →콜백을 하는 경우 →잘못하면 국제 통화료 폭탄と、注意喚起をしています。◯です。
8	✕	【訳】海外決済の安全性の向上を要求している。
		해외 결제의 안전성については、特に言及していません。✕です。

次を聞いて、設問に○か×で答えなさい。　　　　　■)) track057

　　강우성이라는 사람은 임진왜란 당시 진주성 전투에서 포로로 잡혀서 일본에 끌려갔다가 조선으로 돌아온 인물로 광해군 때 역과 증광시에 합격하여 왜학역관이 됩니다. 왜학역관이 된 강우성은 세 차례에 걸쳐 조선통신사를 수행하기도 하는데 이 왜학역관이라는 관직은 단순한 통역을 넘어 왜관의 무역이나 에도 막부와의 외교 의식, 그리고 정보 수집까지 담당해야 하는 대일본 관계에 있어서는 대단히 중요한 직책이었습니다. 강우성이 제2차에서 제4차까지의 조선통신사에 역관으로 임명받은 것은 그의 일본어 실력이나 일본에 관한 전반적인 식견이 남달랐음을 보여 줍니다.

問題1　강우성은 임진왜란 때 왜군과 진주성 전투에서 싸웠다. は、本文の内容と一致している。

問題2　강우성은 광해군 때 과거에 응시하여 합격하였다. は、本文の内容と一致している。

問題3　강우성은 왜학역관에 취임하면서 일본을 알게 되었다. は、本文の内容と一致している。

問題4　강우성은 일본에 대해 깊은 지식을 가지고 있었다. は、本文の内容と一致している。

問題5　女性の態度として適切なのは、강우성이 왜학역관이 되기까지의 과정을 검증하고 있다. である。

問題6　女性の態度として適切なのは、강우성이 왜 일본어를 배우게 됐는가를 설명하고 있다. である。

問題7　女性の態度として適切なのは、강우성의 외교관으로서의 실력을 높이 평가하고 있다. である。

問題8　女性の態度として適切なのは、강우성이 조일 관계에 미친 영향을 연구하고 있다. である。

> カン・ウソンという人物は、壬辰倭乱（文禄・慶長の役）当時、晋州城の戦いで捕虜として捕えられ、日本に連れていかれた後、朝鮮に帰ってきた人物で、光海君の時代に、科挙（訳科増広試）に合格して倭学訳官（日本語通訳官）となります。倭学訳官となったカン・ウソンは3回にわたって朝鮮通信使に随行しますが、この倭学訳官という官職は単なる通訳を超え、倭館（日本の通商窓口）を通じた貿易や江戸幕府との外交儀式、そして情報収集まで担当しなければならない、対日本関係おいては非常に重要な職責でした。カン・ウソンが第2次から第4次までの朝鮮通信使に通訳官として任命されたのは、彼の日本語の実力や日本に関する全般的な識見（見識）が人並み外れていた（格別だった）ことを示しています。

1	×	【訳】カン・ウソンは壬辰倭乱の時、倭軍との晋州城戦闘で戦った。
		진주성 전투에서 포로로 잡혀서 書いてあるだけです。싸웠다かどうかは、分かりません。×です。
2	○	【訳】カン・ウソンは光海君の時代に、科挙を受験して合格した。
		광해군 때 역과 증광시에 합격と言っています。○です。
3	×	【訳】カン・ウソンは倭学訳官に就任して、日本のことを知るようになった。
		일본에 끌려갔다가 조선으로 돌아온 인물と言っています。日本を知ったのは、捕虜の時です。×です。
4	○	【訳】カン・ウソンは日本について、深い知識を持っていた。
		전반적인 식견이 남달랐음と評価しています。深い知識を持っていたとみていいと思います。
5	×	【訳】カン・ウソンが倭学訳官になるまでの過程を検証している。
		検証はしていません。紹介しているだけです。×です。
6	×	【訳】カン・ウソンがなぜ日本語を学ぶことになったのかを説明している。
		日本語を習うようになった背景は、彼の人生の中の一部です。それを言いたいわけではありません。
7	○	【訳】カン・ウソンの外交官としての実力を高く評価している。
		전반적인 식견이 남달랐음と評価しているので、○です。
8	×	【訳】カン・ウソンが朝鮮王朝と日本との関係に与えた影響を研究している。
		朝日関係に及ぼした影響については、特に何も語られていません。×です。

2

읽기

읽기で重要なのは、把握する能力です。何を言っているのか、どんな情報を伝えているのか、この文はどこで話題の転換を図ったのか、この文を書いた人が最も言いたいことは何か、などです。したがって、文を読む時には、意味が分からない言葉が混じっていたとしても、それを放っておいて、全体の意味を捉えるよう、努めて下さい。そういう意味で〇✕は効果的です。

읽기 시험 (読解試験) その1

　読むとは「文字で書かれているものを目にしたり声に出したりする」動きのことです。したがって文字で書かれているものであれば基本的に何でも「読む」対象になります。では、そのすべてが試験の対象になるかというと、それはまた別問題です。試験には試験そのものの持つ特性があるからです。難易度もその1つです。TOPIK Ⅰで出題文の内容にある程度制限がかかっているのもそれが理由です。しかしⅡになるとテーマと内容において制限がかかることはなくなります。具体的に言うと、TOPIK Ⅱは中級と高級 (上級) のレベルですから、難易度的には、ちょっと力があれば分かる内容からほぼ韓国人ネイティブスピーカー並みの理解力と語彙力を必要とするものまで、幅広い内容のものが同じ試験の中で並びます。ですから、韓国人が専門的な知識を得るために読む専門書や情報を得るために見る新聞・雑誌を始めとする各種情報誌、精神世界を豊かにするために読むいろいろな文学作品に至るまで、そのすべてが읽기試験の対象になります。もちろんSNSで飛び交うような文も対象となります。ということは、皆様がもしかしたら苦手としているかもしれない分野の専門的な知識も、問題文の内容として使われることがあるということです。日常生活の中で比較的簡便に取り組める文章情報ばかりが試験に出題されるわけではないということを覚えておいて下さい。

　TOPIK Ⅱの읽기試験のテーマは全く自由です。ただ出題文のジャンルは次のように4つのパターンに分けることが出来ます。以下参考までに挙げておきたいと思います。

１）自分の思いを表現する文
　　小説、詩、感想文、童話、エッセー、投稿文、紀行文、評論、論説、解
　　説

２）情報伝達を目的とする文
　　新聞・雑誌の記事、公文書、掲示板、説明文、案内文、広告、論文

３）コミュニケーションを取るための文
　　SNS 上の様々な文、談話、メモ、Ｅメール、手紙、招待状、ハガキ、
　　メッセージ、インタビュー、各種寄稿文（提案、相談、問い合わせ）

４）提出を目的とする文
　　申請書、計画書、自己紹介、応募書類、報告書

試験の内容

　具体的な試験の内容ですが、まずTOPIK Ⅱの等級別の評価基準を見
て下さい。４級と５級は省きます。

・３級

　日常生活を営むのにあまり大変さを感じない。様々な公共施設の利
用、社会関係の維持に必要な基礎的な言語機能を遂行することが出来
る。なじみのある具体的な素材はもちろん、社会的素材をも段落単位
で表現したり理解したりすることが可能になる。文語と口語の基本的
な特性を理解し、使い分けることが出来る。

・６級

　専門分野における研究や業務遂行に必要な言語機能を比較的正確か
つ流暢に遂行出来る。政治、経済、社会、文化全般にかけてあまりな
じみのないテーマに対しても利用し使える。ネイティブスピーカーの
レベルには達しなくても機能の遂行や意味の表現にはあまり困難を感
じない。

　上の基準はTOPIKを主管している韓国国立国際教育院が出している
ものですが、これを踏まえるとTOPIK Ⅱを取った人は、①日常生活の

中で韓国語がしっかり使える、②1人で公共施設が利用出来る、③ある程度の長さを持つ文章が書ける、④書き言葉と話し言葉を使い分けられる、などの能力を最低限持っていなければならず、さらに最終的には、①専門的なこともしっかり韓国語で話せる、理解が出来る、②知らないテーマでも韓国語で対応が出来る、などの能力をも身に付けていなければならないことになります。ということは、TOPIK Ⅱはその能力を測るような内容で構成されるのが自然で、実際、過去の試験問題を見ると、後半に行けば行くほど専門性の高い内容の問題が出てきて、専門性のレベルからすると、韓国語の問題と言うより、もはや個々人の知識力を問うようなレベルになってきます。では、日本語で言われても分からない専門的な内容を韓国語でどうやって解いていくのでしょうか。ちょっと考えて頂きたいのですが、母国語であれば内容を100％理解出来なくても、ある程度その話に付いていけることがあると思います。それと同じように、要は、あなたが韓国語でそれが出来るかどうかを測るためにそのような問題を出題するのだとご理解頂ければいいのではないかと思います。

읽기 시험 (読解試験) その2

　읽기試験は計50問、100点満点で構成されています。毎回そのパターンはほとんど変わりません。教育目標そのものが変わることはあまりないので、出題の傾向や問題構成なども大幅に変わることはまずありません。

■ 읽기① 短文穴埋め問題 [1〜4] 対応問題

学習の ポイント

このパターンからは、2種類の問題が2問ずつ、計4問が出題されます。文法力が問われる問題です。文法をしっかり身につけていれば答えられる問題です。

✎実際の問題形式

※( )に入る가장 알맞은 것을 고르십시오. 각 2점

------《보기》------

1. 은행에 ( ) 조금 일찍 집을 나갔다.

   ① 들르면서　 ❷ 들르려고　 ③ 들러야　 ④ 들러서

※다음 밑줄 친 부분과 의미가 비슷한 것을 고르십시오. 각 2점

------《보기》------

2. 전화를 안 받는 걸 보니 지금 <u>바쁜가 보다</u>.

   ① 바쁠 것 같다　　　　 ② 바쁘나 보다

   ❸ 바쁜 모양이다　　　 ④ 바쁠 수 있다

※( )に入る最も適切なものを選んで下さい。各2点

------《例》------

1. 銀行に( )少し早く家を出た。

   ① 寄りながら　　　　 ❷ 寄ろうと思って

   ③ 寄らなければ　　　 ④ 寄って

※次の下線部分と意味が似ているものを選んで下さい。各2点

------《例》------

2. 電話に出ないのを見ると今忙しいようだ。

　① 忙しそうだ　　② ×　　❸ 忙しいようだ　　④ 忙しいこともある

1 解法のポイント

　前頁の例題1. では、銀行に寄るために少し早目に家を出たということなので②が正解になります。「(으)려고」は「しようと思って」という意味です。

　例題2. では、「는(ㄴ/은)가 보다」「나 보다」「는(ㄴ/은) 모양이다」の3つはほとんど同じ意味です。しかし「나 보다」は形容詞現在形にはつきません。したがって②は文法的に誤りです。正解は③になります。

2 最近の出題傾向

　これまで、年1回公開されていた問題が、2020年の第68回分から、完全非公開となりました。非公開になるからといって、TOPIKの基本骨格そのものが変わるわけではありませんので、試験対策も今までと何も変わりません。最新公開の第64回目のこのブロックの問題においては、「영화를 보지만/보거나/보려고/보더니」や「아버지를 닮아 간다/닮기도 한다/닮았나 보다/닮은 적이 없다」の四択の中で、最も適切なものを問う問題が出題され、従来と似たパターンが維持されています。

※文章を読んで、設問に○か×で答えなさい。

나는 아침에 보통 빵을 (　　　　) 요구르트를 먹는다.

問題		
1	문 : (　　　　) に入るのは、먹거나である。

問題		
2	문 : (　　　　) に入るのは、먹기도である。

問題		
3	문 : (　　　　) に入るのは、먹으려고である。

問題		
4	문 : (　　　　) に入るのは、먹더니である。

자식은 역시 부모를 (　　　　).

問題		
5	문 : (　　　　) に入るのは、닮아 간다である。

問題		
6	문 : (　　　　) に入るのは、닮나 보다である。

問題		
7	문 : (　　　　) に入るのは、닮는가 보다である。

問題		
8	문 : (　　　　) に入るのは、닮는다である。

아이가 (　　　　) 일어나 운다.

問題		
9	문 : (　　　　) に入るのは、자다가である。

問題		
10	문 : (　　　　) に入るのは、잤다가である。

問題		
11	문 : (　　　　) に入るのは、자며である。

問題		
12	문 : (　　　　) に入るのは、자고である。

	私は、朝は普段パンを（　　　　）ヨーグルトを食べる。	

1	○	【訳】問：食べたり 「빵을」か「요구르트를」かになるので、食べたりの意味を持つ 먹거나が正解です。○です。
2	×	【訳】問：食べたり 먹기도 하고~먹기도 한다だったら、OKです。먹기도だけで は、適切な言い方にはなりません。
3	×	【訳】問：食べようと パンを食べようとヨーグルトを食べるという言い方はおかしい です。×が正解です。
4	×	【訳】問：食べたら 먹더니は、他人が食べていることを見ている時に使う言い方で す。×です。

	子どもはやはり親に（　　　　）。	
5	○	【訳】問：似ていく 成長とともに、子どもが親に似ていくという意味なので、○です。
6	○	【訳】問：似るようだ どうやら、子どもというのは、親に似るようだという言い方な ので、○です。
7	○	【訳】問：似るようだ 닮나 보다と닮는가 보다は、ほぼ同じ意味です。○です。
8	○	【訳】問：似る 一般的な話として、子どもは親に似るものだと言う意味なの で、○です。

	赤ちゃんが（　　　）起きて泣いている。	
9	○	【訳】問：寝ていると思ったら 자다가は、寝ていると思ったら、それが起きて泣く動きに変 わったという意味なので、○です。
10	×	問：寝たら 잤다가は、「寝たら~ことになった」という状況を表す言い方な ので、適切ではありません。
11	×	【訳】問：寝ながら 자며は、寝ることと並行しながら何かをやることを表す言い方 なので、適切ではありません。
12	○	【訳】問：寝て 자고 일어나 운다は、「寝る→起きる→泣く」が順番に起きてい ることを表す言い方なので、成立します。

※文章を読んで、設問に〇か×で答えなさい。

서랍 속에 (　　　) 명함이 없다.

問題 1
문 : (　　　) に入るのは、넣어 놓은である。

○○○

問題 2
문 : (　　　) に入るのは、넣어 둔である。

○○○

問題 3
문 : (　　　) に入るのは、둔である。

○○○

問題 4
문 : (　　　) に入るのは、놓은である。

○○○

의자에 기대 꾸벅꾸벅 존다. (　　　).

問題 5
문 : (　　　) に入るのは、피곤한 듯하다である。

○○○

問題 6
문 : (　　　) に入るのは、피곤한 것 같다である。

○○○

問題 7
문 : (　　　) に入るのは、피곤한 것처럼 보인다である。

○○○

問題 8
문 : (　　　) に入るのは、피곤한 모양이다である。

○○○

引き出しの中に（　　　）名刺がない。

---

1 ◯

【訳】問：入れておいた

넣어 놓은は、一時的に引き出しの中に収納したと言う意味になるので、◯です。

---

2 ◯

【訳】問：入れておいた

넣어 둔は、名刺の収納場所である引き出しにしまったという意味なので、◯です。

---

3 ◯

【訳】問：しまった

두다は、収納すべき場所にものをしまう動きを表す動詞なので、◯です。

---

4 ✕

【訳】問：置いた

놓다は、一時的収納、臨時収納を表す言葉です。引き出しの中という場所と合わないので、✕です。

椅子にもたれかかってうとうと居眠りする。（　　　）。

---

5 ◯

【訳】問：疲れているようだ

듯하다は、そういうそぶりを見せるという意味なので、言い方として成立します。

---

6 ◯

【訳】問：疲れているみたいだ

것 같다は、類似断定を表す言い方なので、成立します。

---

7 ◯

【訳】問：疲れているように見える

疲れているように見えるという意味なので、言い方として成立します。

---

8 ◯

【訳】問：疲れている模様だ

모양이다は、模様だという意味です。成立する言い方です。

※文章を読んで、設問に○か×で答えなさい。

잃어버린 아이를 <u>찾고자</u> 동네를 헤매 다녔다.

問題 1
문 : 下線部分と意味が似ている表現は、찾기 위해である。

問題 2
문 : 下線部分と意味が似ている表現は、찾으려고である。

問題 3
문 : 下線部分と意味が似ている表現は、찾으러である。

問題 4
문 : 下線部分と意味が似ている表現は、찾자마자である。

몇 년을 살아도 그저 나는 여기서는 <u>객일 뿐이다</u>.

問題 5
문 : 下線部分と意味が似ている表現は、객인 셈이다である。

問題 6
문 : 下線部分と意味が似ている表現は、객이나 마찬가지다である。

問題 7
문 : 下線部分と意味が似ている表現は、객일 따름이다である。

問題 8
문 : 下線部分と意味が似ている表現は、객인 성싶다である。

사전에 알려 주지 않았으니 내가 그 사실을 <u>알 리가 없다</u>.

問題 9
문 : 下線部分と意味が似ている表現は、알 수가 없다である。

問題 10
문 : 下線部分と意味が似ている表現は、알 턱이 없다である。

問題 11
문 : 下線部分と意味が似ている表現は、알 법하다である。

問題 12
문 : 下線部分と意味が似ている表現は、알 길이 없다である。

解答・解説

見失った子どもを<u>見つけよう</u>と町中を探し回った。		
1	○	【訳】問：探すために 찾고자는、町中を探し回った意図がわが子を見つけるためだったという意味なので、찾기 위해と合います。
2	○	問：探そうと 찾고자는、町中を探し回った意図がわが子を見つけるためだったという意味なので、찾으려고と合います。
3	○	【訳】問：探しに 찾으러は、探す目的を表す言い方なので、찾고자と合います。
4	×	【訳】問：見つけるや否や 찾자마자は、見つけるや否やという意味なので、찾고자と合いません。×です。
何年暮らしても、私はここではただの客でしかない。		
5	○	【訳】問：客なわけだ 셈이다は、そういう計算になるという意味なので、뿐이다との置き換えが可能です。○です。
6	×	【訳】問：客と同然だ 마찬가지이다は、同じだという意味なので、객일 뿐이다とは、やや意味が違います。
7	○	【訳】問：客であるのみだ 따름이다は、ちょうどそれくらいでそれ以上でも以下でもないという意味なので、뿐이다と通じます。
8	○	【訳】問：客であるかのようだ 셈싶다は、その最中にいるようだという意味を表すので、객일 뿐이다と意味的に通じます。
事前に知らせてくれなかったので、私がその事実を<u>知るはずがない</u>。		
9	○	【訳】問：知ることができない 알 수가 없다は、知ることが出来ないという意味で、알 리가 없다と通じることもあります。
10	○	問：知るはずがない 알 턱이 없다は、知る由もないという意味なので、알 리가 없다と置き換えが可能です。○です。
11	×	【訳】問：分かりそうだ 알 법하다は、「分かる」の領域にほぼ到達しているという意味なので、意味合いが違います。×です。
12	○	【訳】問：知るすべがない 알 길이 없다は、知る手段、知る道がないという意味なので、置き換えが可能です。

※文章を読んで、設問に○か×で答えなさい。

늦은 시간에 면목이 없어 그냥 <u>먹은 척했다</u>.

問題
1
○○○
문 : 下線部分と意味が似ている表現は、먹은 시늉을 했다である。

問題
2
○○○
문 : 下線部分と意味が似ている表現は、먹은 셈 쳤다である。

問題
3
○○○
문 : 下線部分と意味が似ている表現は、먹은 체했다である。

問題
4
○○○
문 : 下線部分と意味が似ている表現は、먹은 양했다である。

시험공부 <u>하느라고</u> 밤을 새웠더니 졸린다.

問題
5
○○○
문 : 下線部分と意味が似ている表現は、한다고である。

問題
6
○○○
문 : 下線部分と意味が似ている表現は、하니까である。

問題
7
○○○
문 : 下線部分と意味が似ている表現は、하도록である。

問題
8
○○○
문 : 下線部分と意味が似ている表現は、해서である。

遅い時間に面目がなくて、黙って<u>食べたふりをした</u>。

1	×	【訳】問：食べる真似をした
		시늉는、動きやさまを実際真似をするという意味なので、먹은 척하다とは違います。×です。

2	×	【訳】問：食べたことにした
		먹은 셈 치다は、食べたつもりにしておくという意味なので、먹은 척하다とは趣が違います。

3	○	【訳】問：食べたふりをした
		체하다は、척하다とほぼ同じ意味です。○です。

4	○	【訳】問：食べたふりをした
		먹은 양하다は、実際食べていないのに食べたかのように振る舞うという意味なので、○になります。

試験勉強しようと徹夜したら、眠い。

5	○	【訳】問：しようと思い
		느라고は、ある目的を持って何かをした結果という状況を表すので、한다고の持つ意志性と合います。

6	×	問：するから
		하니까は、ある意図を持って何かをしたらそうなったという意味を表すので、×です。

7	×	【訳】問：するように
		시험공부 하도록は、試験勉強をするようにという意味なので、하느라고と合いません。×です。

8	×	【訳】問：して
		시험공부 해서는、試験勉強をしてその結果、何々になったという意味を表すので、合いません。

■ 읽기② 長文内容一致問題 [9〜12] 対応問題

学習の ポイント

このパターンからは計4問出題されます。ここでは、簡単な案内文やグラフ、ある程度の長さを持つ文章などから正解を連想させるタイプの問題になります。この問題を解く時には先に選択肢に目を通して下さい。問題内容を先に読んでもそこから何を連想すればいいのかが分からないからです。選択肢の内容を先に確認した後、問題に書いてある内容と照らし合わせ、正解を選んでいくやり方の方が効果的だと思います。

✎実際の問題形式

※다음 글 또는 그래프의 내용과 같은 것을 고르십시오.

11. 　2점

> 　　최근 혼자서 밥을 먹거나 술을 마시는 혼밥, 혼술 등 이른바 혼족들이 급격히 늘고 있다. 혼족들의 이야기를 들어 보면 다른 사람의 눈치를 볼 것 없이 편한 시간에 먹거나 마실 수 있기 때문에 부담이 없어서 좋다고 말한다. 나보다 우리, 개인보다 팀을 생각하는 풍조를 식사와 술자리를 통해 다져 왔던 우리들의 생활 방식에도 변화가 생겨난 것일까?

　① 식사 때 다른 사람의 눈치를 보는 사람이 많다.
　❷ 혼밥, 혼술은 내가 정할 수가 있다는 점이 좋다.
　③ 나보다 우리를 생각하는 마음이 점점 줄어든다.
　④ 혼족으로 인해 생활 방식이 바뀌지는 않는다.

※次の文章またはグラフの内容と同じものを選びなさい。

11. 2点

> 最近1人でご飯を食べたりお酒を飲むホンバプ、ホンスルなど、いわゆるホンジョク（1人族）が急激に増えている。ホンジョクたちの話を聞くと、他の人を気にすることなく自分の好きな時間に食べたり飲んだりすることが出来るので気負う必要がなくていいと言う。自分よりわれわれ、個人よりチームを考える風習を食事と飲み会を通して固めてきたわれわれのライフスタイルにも変化が起きているのだろうか。

① 食事の時に他の人を気にする人が多い。
❷ ホンバプ、ホンスルは自分で決められるところがいい。
③ ホンバプ、ホンスルは自分で決められるところがいい。
④ ホンジョクなどでライフスタイルまでもが変わったりはしない。

1 解法のポイント

　例題を見ていきましょう。「혼밥」は「혼자（1人）＋밥（ご飯）」、「혼술」は「혼자（1人）＋술（お酒）」、「혼족」は「혼자（1人）＋족（族）」の略で、最近出てきた言葉です。食事やお酒は必ず皆で一緒にというのが王道の韓国社会でこういう風潮は意外性を持って受け止められていますが、今後も増えそうな勢いです。本文はそのような人たちが現れたことで、もしかしたらそれが従来のライフスタイルに一石を投じる何かになるかもしれないと感じていることを語るものです。そのホンジョクたちがホンバプやホンスルのいいところとして挙げているのが②です。①や③は確かにそうかもしれませんが、本文でそれを語っているわけではありません。④は本文で話し手が言っていることとは反対です。

2 最近の出題傾向

　このブロックでは、4、5行くらいの文章、またはグラフなどを問題文として提示し、その内容を読み解きます。TOPIKという試験制度の特性上、今後も試験問題から外せないタイプの問題です。最近公開の第64回では、ウォーキング大会の案内を知らせる張り紙や高校生の希望職業がどう変わったのかを示すグラフを使った問題と、授賞式の案内文や古代の墓が発見されたという簡単な新聞記事を内容とする問題とが出題されました。

※文章を読んで、設問に○か×で答えなさい。

제5회 총장 배 유학생 스피치 대회가 대강당에서 열렸다. 대상을 받은 학생에게는 수업료 전액에 해당하는 장학금이 주어지고 부상으로 최신 컴퓨터가 주어졌다. 올해에도 이 대회에 우리 대학에 재학하는 다수의 유학생이 참가했는데 예년보다 스피치 내용이나 한국어 실력 등이 많이 늘어 학교 관계자들을 기쁘게 하였다.

問題
1
○○○

문 : 스피치 대회의 대상은 총장상이다.
は、文章の内容と一致しています。

問題
2
○○○

문 : 유학생 스피치 대회는 이번이 처음이 아니다.
は、文章の内容と一致しています。

問題
3
○○○

문 : 작년보다 전반적으로 스피치 내용이 훨씬 훌륭하다. は、文章の内容と一致しています。

問題
4
○○○

문 : 스피치 내용이 우수하여 컴퓨터를 받은 학생이 있다. は、文章の内容と一致しています。

第5回総長杯留学生スピーチコンテストが大講堂で行われた。大賞を受賞した学生には授業料全額に相当する奨学金が与えられ、副賞として最新コンピューターが授与された。今年も今大会に、当大学に在学する多数の留学生が参加したが、例年よりスピーチの内容や韓国語の実力が大幅に伸びて、学校関係者を喜ばせた。

1 ◯ 【訳】問：スピーチコンテストの大賞は総長賞である。

스피치コンテストが総長杯ですから、대상は総長賞になります。

2 ◯ 【訳】問：留学生スピーチコンテストは今回が初めてではない。

제5회と書いてあるから、처음이 아니다と合っています。

3 ◯ 【訳】問：昨年より全般的にスピーチの内容がはるかに立派だ。

예년보다 많이 늘어と言っているので、훨씬 훌륭하다と合っています。◯です。

4 ◯ 【訳】問：スピーチの内容が優秀でコンピューターをもらった学生がいる。

컴퓨터가 주어졌다と言っているから、컴퓨터를 받은と合っています。◯です。

※文章を読んで、設問に○か×で答えなさい。

어제 오후 8시경에 고속도로에서 승용차와 트럭 등에 의한 4중 추돌 사고가 발생했다. 트럭 운전사는 경미한 부상을 입은 가운데 뒤따르던 트럭에 추돌당한 승용차에 타고 있던 일가족이 중상을 입어 병원으로 실려 갔다. 사고는 무리하게 차선을 변경하려던 최초의 승용차가 미끄러지면서 앞을 가던 트럭을 들이받는 바람에 일어난 것으로 밝혀졌다.

問題
1
○○○

문 : 이 사고는 차선을 변경하던 트럭이 일으켰다.

は、文章の内容と一致しています。

問題
2
○○○

문 : 승용차가 트럭과 정면충돌하는 사고가 일어났다.

は、文章の内容と一致しています。

問題
3
○○○

문 : 트럭 운전사는 목숨이 위태롭다.

は、文章の内容と一致しています。

問題
4
○○○

문 : 트럭에 받힌 승용차는 크게 부서졌다.

は、文章の内容と一致しています。

昨日午後8時頃、高速道路で乗用車とトラック等による4重追突事故が発生した。トラックの運転手は軽いケガを負ったが、後続のトラックに追突された乗用車に乗っていた一家が重傷を負い、病院に搬送された。事故は、無理に車線を変更しようとした先頭の乗用車がスリップし、前を走っていたトラックに衝突したせいで起こったものと判明した。

1　✕

【訳】問：この事故は、車線変更したトラックが起こした。
최초의 승용차가 트럭을 들이받는 바람에と言っているから、事故を起こしたのは、乗用車です。

2　✕

【訳】問：乗用車がトラックと正面衝突する事故が起きた。
트럭에 추돌당한 승용차と言っています。追突と言っているので、✕です。

3　✕

【訳】問：トラック運転手は命が危険だ。
트럭 운전사는 경미한 부상と言っています。軽いけがと言っているので、命に別状はありません。

4　✕

【訳】問：トラックにぶつかった乗用車は大きく破損した。
本文の中からは、乗用車の破損具合に関する言及がありません。✕です。

※文章を読んで、設問に○か×で答えなさい。

경제 위기를 극복할 수 있는 돌파구로 디지털 경제가 주목받고 있다. 최근에 불어닥친 여러 가지 사회적 악조건을 이겨낼 수 있는 성장 동력으로 디지털 기업으로의 변신을 꾀하는 기업들이 늘고 있는 것이다. 이러한 기업들을 보면 제품은 물론 업무 프로세스를 디지털로 전환하려는 움직임이 뚜렷해지고 있다.

問題
1
○○○

문 : 기업을 디지털화하려는 움직임이 가속되고 있다.
　　は、文章の内容と一致しています。

問題
2
○○○

문 : 디지털 기업으로 바뀌지 않으면 위기를 이겨 낼 수 없다. は、文章の内容と一致しています。

問題
3
○○○

문 : 제품 생산을 디지털화하기에는 아직 역부족이다.
　　は、文章の内容と一致しています。

問題
4
○○○

문 : 기업은 살아남기 위한 노력을 끊임없이 해야 한다. は文章の内容と一致しています。

　経済危機を克服できる突破口として、デジタル経済が注目されている。最近押し寄せている様々な社会的悪条件を乗り越える成長動力として、デジタル企業への転身を試みる企業が増えているのだ。このような企業を見ると、製品はもちろん業務プロセスをデジタルに転換しようとする動きが明らかになってきている。

---

1 ○

【訳】問：企業をデジタル化しようとの動きが加速している。

제품은 물론 업무 프로세스를 디지털로 전환하려는다 말하고 있으므로, 기업의 디지털화입니다.

---

2 ○

【訳】問：デジタル企業として変わらなければ危機を乗り越えることができない。

경제 위기를 극복할 수 있는 돌파구라 말하고 있으므로, ○라 말해도 좋다고 생각합니다.

---

3 ✕

【訳】問：製品の生産をデジタル化するにはまだ力不足である。

디지털로 전환하려는 움직임이 뚜렷해지고 있다고 말하고 있습니다. ✕입니다.

---

4 ✕

【訳】問：企業は生き残るための努力を絶えずしなければならない。

확실히 그렇습니다만, 본문 중에서는 언급되지 않은 내용입니다. ✕입니다.

※文章を読んで、設問に○か×で答えなさい。

중국의 수도 베이징 한복판에 있는 자금성은 20만 명이 넘는 인력이 동원돼 15년에 걸친 공사 끝에 1420년에 완성됐다. 자금성은 축구장 70여 개가 들어갈 정도의 엄청난 크기로 명·청 왕조를 거쳐 외세에 핍박을 받던 수난의 역사를 경험하면서 오늘날에 이르고 있다. 청 왕조 당시에는 70여 개의 건축물과 9999개의 방이 있었던 것으로 전해진다.

問題
1
◯◯◯

문 : 자금성에는 외국의 군대가 들어온 적이 없다.

は、文章の内容と一致しています。

問題
2
◯◯◯

문 : 자금성은 명·청 왕조의 황제가 머물던 곳이다.

は、文章の内容と一致しています。

問題
3
◯◯◯

문 : 자금성은 오랜 세월에 걸쳐 지어진 궁궐이다.

は、文章の内容と一致しています。

問題
4
◯◯◯

문 : 자금성 건설에는 많은 사람들이 동원되었다.

は、文章の内容と一致しています。

中国の首都、北京の中心に位置する紫禁城は、20万人を超える人力が動員され、15年にわたった工事の末、1420年に完成した。紫禁城は、サッカー場70個余りが入るほどの途方もない広さで、明、清王朝を経て外国勢力に翻弄させられていた受難の歴史を経験して、今日に至っている。清王朝当時には70個余りの建築物と9999個の部屋があったと伝えられている。

---

1 ✕

【訳】問：紫禁城には外国の軍隊が入ってきたことがない。

外国の軍隊が入ったことがあるのかないのか、本文からは分かりません。✕です。

---

2 ◯

【訳】問：紫禁城は明、清王朝の皇帝が暮らした場所である。

청 왕조와 말하고 있으므로、◯でいいと思います。

---

3 ◯

【訳】問：紫禁城は長い歳月をかけて建てられた宮殿である。

15년에 걸친 공사 끝에と言っているので、◯でいいと思います。

---

4 ◯

【訳】問：紫禁城の建設には多くの人々が動員された。

20만 명이 넘는 인력이 동원돼と言っているので、◯でいいと思います。

■ 읽기③ 並べ替え問題 [13〜15] 対応問題

学習の ポイント

　このパターンからは、計3問出題されます。4つの文をわざとランダムに並べ、それを正しい順番に並べ替える問題です。したがってこの問題を解く時には、4つの文の間に存在する論理的なつながりを発見することが大事です。たとえば「**그래서**→その文は結論的な内容になる」「**그런데**→話が別の流れに変わる」「**왜냐하면**→前の内容に対する理由が出てくる」のようにです。

✎ 実際の問題形式

※다음을 순서대로 맞게 나열한 것을 고르십시오.

13.　2점

> (가) 그것은 북쪽의 대륙 기단이 습도가 없기 때문이다.
> (나) 한국의 겨울은 춥고 건조한 것이 특징이다.
> (다) 그래서 겨울에는 북서풍이 강하게 부는 것이다.
> (라) 그런데 이 북쪽의 시베리아 기단은 고기압이다.

　① 나-가-다-라　　　　　❷ 나-가-라-다
　③ 나-라-가-다　　　　　④ 나-라-다-가

※次を順番どおりに正しく並べたものを選んで下さい。

11.　2点

> (가) それは北の大陸気団に湿度がないからである。
> (나) 韓国の冬は寒くて乾燥しているのが特徴だ。
> (다) それで冬には北西の風が強く吹くのである。
> (라) ところでこの北のシベリア気団は高気圧である。

① 나-가-다-라   ❷ 나-가-라-다

③ 나-라-가-다   ④ 나-라-다-가

1 解法のポイント

　前頁の類題を見てみましょう。「그래서」は結論を出す時に使う言葉なので、上の4つの文で言うと(다)は最後に来るのが自然です。そうなると選択肢の②か③が正解になりますが、(나)の次に(라)が来ることはあり得ません。正解は②です。

2 最近の出題傾向

　このブロックでは、韓国語で書かれている文章の論理的展開を読み取れるかどうかを問うタイプの問題が出題されます。直近の第64回では、会社のロビーを外部の人に公開し、その空間を市民にちょっとした美術館やカフェとして利用してもらうという話、交通事故に遭ったが、その相手の温かい配慮のおかげで具合の悪い娘を迅速に病院に運ぶことが出来たという話、スーパーの売場に何種類の製品を並べたらお客さんが安心して選ぶのかという話などが問題内容として使われました。

※文章を読んで、設問に○か×で答えなさい。

수소는 산소와 결합하여 화학 에너지를 발생시킨다. (A)
(B) 연료 전지 안에는 두 개의 전극이 있고 그 사이에 막이
있다. (C) (D) 이 과정을 거치면서 두 전극 사이에 0.7 볼
트 정도의 전압이 발생한다. (E)

問題
1
○○○
문 : (A) 에 들어가는 것은, 이 화학 에너지를 전기 에너지로 변
환하는 것이 연료 전지이다. 이다.

問題
2
○○○
문 : (B) 에 들어가는 것은, 막을 통해 산소 측 전극으로 간 수
소 이온은 산소 이온과 결합하여 물을 만든다.

問題
3
○○○
문 : (C) 에 들어가는 것은, 이 화학 에너지를 전기 에너지로 변
환하는 것이 연료 전지이다. 이다.

問題
4
○○○
문 : (D) 에 들어가는 것은, 막을 통해 산소 측 전극으로 간 수
소 이온은 산소 이온과 결합하여 물을 만든다. 이
다.

問題
5
○○○
문 : (E) 에 들어가는 것은, 이를 여러 개의 직렬로 연결하면 원
하는 전압을 얻어 낼 수 있다. 이다.

　水素は酸素と結合して化学エネルギーを発生させる。(A)(B) 燃料電池の中には2つの電極があり、その間に膜がある。(C)(D) この過程を経て、2つの電極の間に0.7ボルト程度の電圧が発生する。(E)

---

1 ◯

【訳】問：この化学エネルギーを電気エネルギーへと変換するのが燃料電池である。

主要な言葉が現れる順番を追いかけると、화학 에너지→연료 전지→전극→막→전압になります。◯です。

---

2 ✕

【訳】問：膜を通じて酸素側の電極に行った水素イオンは、酸素イオンと結合して水を作る。

主要な言葉が現れる順番を追いかけると、화학 에너지→연료 전지→전극→막→전압になります。✕です。

---

3 ✕

【訳】問：この化学エネルギーを電気エネルギーへと変換するのが燃料電池である。

主要な言葉が現れる順番を追いかけると、화학 에너지→연료 전지→전극→막→전압になります。✕です。

---

4 ◯

【訳】問：膜を通じて酸素側の電極に行った水素イオンは、酸素イオンと結合して水を作る。

主要な言葉が現れる順番を追いかけると、화학 에너지→연료 전지→전극→막→전압になります。◯です。

---

5 ◯

【訳】問：これをいくつかの直列で連結すると、求める電圧を得ることができる。

話の内容が結論なので、最後に来ることが正しいです。◯です。

※文章を読んで、設問に○か×で答えなさい。

한국과 중국이 통화스왑 계약을 연장하기로 결정했다. (A) (B) 이번 계약은 지난달에 만료된 종전 계약보다 대폭 강화됐다. (C) (D) 그만큼 금융 불확실성을 축소시키기 위한 단단한 대비가 필요해졌다는 이야기이다. (E)

問題
1
○○○

문 : (A) 에 들어가는 것은, 경제 금융 리스크에 대해 역내 금융 안전성을 다지는 데 합의한 것이다. である。

問題
2
○○○

문 : (B) 에 들어가는 것은, 스왑 규모도 훨씬 늘었고 계약 기간도 종전 3년에서 5년으로 늘었다. である。

問題
3
○○○

문 : (C) 에 들어가는 것은, 경제 금융 리스크에 대해 역내 금융 안전성을 다지는 데 합의한 것이다. である。

問題
4
○○○

문 : (D) 에 들어가는 것은, 스왑 규모도 훨씬 늘었고 계약 기간도 종전 3년에서 5년으로 늘었다. である。

問題
5
○○○

문 : (E) 에 들어가는 것은, 관계자는 이번 한중 통화스왑 규모에 대해 긍정적인 성과라며 높이 평가했다. である。

解答・解説

韓国と中国が通貨交換契約を延長することを決定した。（A）（B）今回の契約は、先月に満了となった従来の契約より大幅に強化された。（C）（D）それほど、金融の不確実性を縮小するためのしっかりした備えが必要になったということである。（E）

1 ○

【訳】問：経済金融リスクに比べ、領域内の金融の安全性を固めるのに合意したものである。

最初の文の연장하기로 결정했다に、합의한 것이다が呼応しているので、○になります。

2 ✕

【訳】問：交換の規模もはるかに増え、契約期間も従来の3年から5年に延ばした。

これは、대폭 강화됐다の後に来るのが望ましいので、✕です。

3 ✕

【訳】問：経済金融リスクに比べ、領域内の金融の安全性を固めるのに合意したものである。

この文で話が終わるのであれば○になりますが、後に話が続くので✕です。

4 ○

【訳】問：交換の規模もはるかに増え、契約期間も従来の3年から5年に延ばした。

대폭 강화됐다の後に続く話として適切です。○になります。

5 ○

【訳】問：関係者は今回の韓中通貨交換規模について、肯定的な成果であると高く評価した。

まとめの話に合う内容なので、最後に来るのが適切です。○になります。

※文章を読んで、設問に○か×で答えなさい。

　　인공 지능을 활용하여 치매 발생 위험도를 예측하는 모델이 나왔다. (A) (B) 이 두 기관은 먼저 가구별로 구성원, 혈연관계 등으로 기초 데이터를 만들었다. (C) (D) 분석 결과 이 모델의 예측 정확도가 90% 이상에 이르는 것으로 나타났다. (E)

問題 **1**

문 : (A) 에 들어가는 것은, 이 모델을 개발한 곳은 치매 안심 센터와 빅데이터 분석 기업이다. である。

問題 **2**

문 : (B) 에 들어가는 것은, 이어 가족 구성, 생활 스타일 등의 데이터로 치매 발생 위험을 예측했다. である。

問題 **3**

문 : (C) 에 들어가는 것은, 이 모델을 개발한 곳은 치매 안심 센터와 빅데이터 분석 기업이다. である。

問題 **4**

문 : (D) 에 들어가는 것은, 이어 가족 구성, 생활 스타일 등의 데이터로 치매 발생 위험을 예측했다. である。

問題 **5**

문 : (E) 에 들어가는 것은, 해당 기관은 이 모델을 노인 사업에 활용하기로 하였다. である。

解答・解説

人工知能を活用して認知症発生の危険度を予測するモデルが出た。（Ａ）（Ｂ）この２つの機関では、まず家族別に構成員、血縁関係などをもとに基礎データを作成した。（Ｃ）（Ｄ）分析の結果、このモデルの予測の正確度が90％以上に達することがわかった。（Ｅ）

---

1 ○

【訳】問：このモデルを開発したのは、認知症安心センターとビッグデータ分析企業である。

최초의 문장 마지막에 모델이 나왔다とあり、それを受けて이 모델을と言っているので、○です。

---

2 ×

【訳】問：続いて、家族構成、生活スタイルなどのデータをもとに認知症発生の危険を予測した。

이어でつながる内容ではありません。×です。

---

3 ×

【訳】問：このモデルを開発したのは、認知症安心センターとビッグデータ分析企業である。

이 모델을는, 예측하는 모델이 나왔다を受けて出てくるのが自然なので、×です。

---

4 ○

【訳】問：続いて、家族構成、生活スタイルなどのデータをもとに認知症発生の危険を予測した。

이어는, その前の기초 데이터를 만들었다を受けて続ける言い方として適切なものなので、○です。

---

5 ○

【訳】問：該当機関はこのモデルを高齢者事業に活用することにした。

まとめに相応しい内容なので、位置として最後が適切です。○です。

※文章を読んで、設問に○か×で答えなさい。

어느 날 학교로 한 학생의 할머니한테서 전화가 한 통 걸려 왔다. (A) (B) 그런데 전화를 받은 선생님은 할머니의 부탁을 알아듣는 데 한참이 걸렸다. (C) (D) 통화를 할수록 점점 심해지는 것을 느낀 선생님은 바로 119에 신고했다. (E)

問題
1
○○○

문 : (A) 에 들어가는 것은, 손녀의 컴퓨터를 충전하는 데 애를 먹고 있어 도움을 청하는 내용이었다. である。

問題
2
○○○

문 : (B) 에 들어가는 것은, 할머니가 말도 제대로 못 하며 더듬거려 알아들을 수가 없었기 때문이다. である。

問題
3
○○○

문 : (C) 에 들어가는 것은, 손녀의 컴퓨터를 충전하는 데 애를 먹고 있어 도움을 청하는 내용이었다. である。

問題
4
○○○

문 : (D) 에 들어가는 것은, 할머니가 말도 제대로 못 하며 더듬거려 알아들을 수가 없었기 때문이다. である。

問題
5
○○○

문 : (E) 에 들어가는 것은, 아버지를 뇌졸중으로 잃은 선생님이 할머니가 뇌졸중인 것을 알아차렸기 때문이다. である。

ある日、学校に、ある学生のおばあさんから電話がかかってきた。（A）
（B）ところが、電話を受けた先生は、おばあさんのお願いを聞き取るの
に手間取った。（C）（D）会話が進むにつれ、どんどんひどくなるのを感
じた先生は、すぐに119番に助けを求めた。（E）

1	○	【訳】問：孫娘のコンピューターを充電するのに手こずっていて、手助けを求める内容だった。 어느 날은, 冒頭에 사용되는 것입니다. 그것을 받아서 전화 내용을 설명하는 문장이 되어 있으므로, ○입니다.
2	×	【訳】問：おばあさんが言葉もうまく発せられずに言いよどんでいて、聞き取ることができなかったからだ。 前文의 전화와 알아들을 수가 없었기 때문이다 とは、内容的に合いません。×です。
3	×	【訳】問：孫娘のコンピューターを充電するのに手こずっていて、手助けを求める内容だった。 前文의 알아듣는 데 한참이 걸렸다と内容的につながりません。×です。
4	○	【訳】問：おばあさんが言葉もうまく発せられずに言いよどんでいて、聞き取ることができなかったからだ。 한참이 걸렸다と알아들을 수가 없었기 때문이다とが呼応しています。○です。
5	○	【訳】問：父を脳卒中で亡くした先生が、おばあさんが脳卒中であることに気づいたからだ。 まとめの内容として相応しい文になっているので、位置的に○です。

읽기④ 長文穴埋め問題 [16〜18] 対応問題

学習の ポイント

このパターンからは、計7問出題されます。穴埋めの形式になっています。穴埋めは単語ではなく句です。解き方ですが、文全体を最初から最後まで読む必要はありません。読むのに時間もかかりますし、分からない部分が出てきたらそれが気になって前に進めなくなり、時間切れになりかねないからです。まずは選択肢の句を（　）の部分に入れて読んでみて下さい。それで通じるかどうかを判断します。しかしそれだけで判断出来ないと思ったら、今度は（　）の前後に来る文を入れて読んでみて下さい。ほとんどの場合（　）の前後の文に正解が分かるヒントが隠されており、それを読めばより正解が分かりやすくなるからです。

✎実際の問題形式

※다음을 읽고 (　　　)에 들어갈 내용으로 가장 알맞은 것을 고르십시오.　각 2점

16.

> 　교사들은 자신이 맡은 학생들을 평가할 때 첫 시험을 잘 본 학생에 대해 (　　　) 첫인상을 갖게 되는 경우가 많다. 그 학생이 기말시험을 못 보면 교사는 원래는 실력이 좋은데 어떤 다른 원인 때문에 기말시험을 못 보았을 것이라고 생각하게 된다. 그 이유는 그 학생에 대한 첫인상이 다음 행동의 평가에까지 영향을 주기 때문이다.

❶ 똑똑한 학생이라는　　　　② 예의가 바른 학생이라는
③ 머리를 잘 쓰는 학생이라는　④ 운동을 잘하는 학생이라는

※次を読んで（　　　）に入る最も適切な表現を選んで下さい。　各2点

> 　教師たちは自分が受け持っている学生を評価する時に、最初の試験でいい成績を取った学生に対して（　　　）第一印象を持つことが多い。その学生が期末試験でいい成績が取れないと、教師は本当は実力があるのに別の理由があって期末試験がうまく行かなかったのだろうと考える。その理由は、学生に対する第一印象が次の行動への評価にまで影響するからである。

❶ 賢い学生という　　　　　　　② 礼儀が正しい学生という
③ 頭をよく使う学生という　　　④ 運動が上手な学生という

1 解法のポイント

　前ページの例題を見てみましょう。（　　　）の直前にいい成績を取ったという話があるので、流れ的には①が正解になります。

2 最近の出題傾向

　このブロックは、基本的に穴埋めタイプの問題が出題されます。空欄に入るものは句なので、これも韓国語文の読解能力を計る問題として欠かせないパターンのものになります。核心的な内容を言わなければならない時に、どのような句を使い、自分の真意を伝えるかというのは、意思疎通において大変重要な要素になるからです。したがって、今後のTOPIKにおいてこのブロックの出題パターンが大幅に変わる可能性はまずありません。第64回目の問題からは、本を推薦してくれる本屋さんの話、サンドイッチやサラダ類の販売タイミングに関する話、新年に立てた目標をいかに効率よく1年間維持していくかの話、虹の屈折現象に関わる話、取材境界線の設定に関わる話、病院の規模に合わせ個人負担の薬代を差別化すべきと主張する話などが問題内容として使われました。

※文章を読んで、設問に○か×で答えなさい。

　건강을 생각해 매일 달리기를 한다. 그런데 달리다 보면 무릎에 충격이 가는 걸 느낀다. 괜찮은 것일까? 보통 달리기를 하면 걷는 것보다 관절에 무리가 가고 연골도 손상된다고 (　　　). 그러나 실제로는 그렇지 않다. 왜냐하면 달리는 과정에서 연골이 강해지고 부피도 늘어나기 때문이다.

問題
1
○○○
　문 : (　　　) に入るのは、생각하기 쉽다である。

問題
2
○○○
　문 : (　　　) に入るのは、상상할 법도 하다である。

問題
3
○○○
　문 : (　　　) に入るのは、여기는 것이 보통이다である。

問題
4
○○○
　문 : (　　　) に入るのは、판단해도 무리가 아니다である。

問題
5
○○○
　문 : (　　　) に入るのは、보는 것이 맞다である。

健康を考えて毎日ランニングをしている。ところが、走っていると膝に衝撃が走るのを感じる。大丈夫なのだろうか？　普通、ランニングをすると歩くよりも関節に無理がかかり軟骨も損傷すると（　　　）。しかし、実際にはそうではない。なぜなら、走る過程で軟骨が強くなり厚みも増すからだ。

1 ○
【訳】問：考えやすい

（　）は直前の〜다고に続いています。こういう時には、後続に생각하다が来ることが多いです。

2 ×
【訳】問：想像してもおかしくない

관절에 무리가 가고 연골이 손상되는 것을 想像することは、あまりないと思います。×とします。

3 ○
【訳】問：思うのがふつうだ

여기다는、受け止めるという意味なので、○でいいと思います。

4 ×
【訳】問：判断しても無理はない

판단해도는、専門家のやることです。素人の領域ではありません。×になります。

5 ×
【訳】問：見るのが妥当だ。

보는 것이 맞다는、確信できる事柄に使うのが妥当です。×になります。

※文章を読んで、設問に○か×で答えなさい。

골다공증은 뼈의 강도가 약해져 쉽게 골절을 일으키는 골격계 질환을 말한다. 여성이든 남성이든 나이가 들면 골 형성과 골 흡수 사이에 불균형이 일어나 이런 질환을 일으키게 된다. 젊을 때에는 골 흡수보다 골 형성이 더 많기 때문에 30대에 골밀도가 최대 골량에 (　　　) 그 이후 점차 감소하게 된다.

問題
1 문 : (　　　) に入るのは、달하자마자である。
○○○

問題
2 문 : (　　　) に入るのは、도달했다가である。
○○○

問題
3 문 : (　　　) に入るのは、달하면である。
○○○

問題
4 문 : (　　　) に入るのは、이르렀다가である。
○○○

問題
5 문 : (　　　) に入るのは、닿는 대로である。
○○○

骨多孔症とは、骨の強度が弱まって簡単に骨折を起こす骨格系疾患を指す。女性であれ男性であれ年を取ると、骨形成と骨吸収との間に不均衡が起き、このような疾患を起こすことになる。若い時には骨吸収より骨形成が多いので、30代で骨密度が最大骨量に（　　　）その後、次第に減少していく。

1	✕	【訳】問：達するや否や

（　）の後にユ 이후 점차 감소하게 된다と続くので、時間的に継起の意味を持つ表現が適切です。✕です。

2	◯	【訳】問：到達してから

一旦到達して、その後減少していくという意味になるので、◯になります。

3	✕	【訳】問：達すると

条件や仮定の意味を持つ表現が使われるところではありません。✕です。

4	◯	【訳】問：至ってから

도달하다と이르다は、ほぼ同じです。一旦到達してその後減少するという意味になるので、◯です。

5	✕	【訳】問：着き次第

닿다は、触れる、たどり着くという意味なので、この場合に適切な言葉ではありません。

※文章を読んで、設問に○か×で答えなさい。

> 피트니트센터 등에서 여성들이 즐겨 사용하는 운동 기구는 트레드밀, 자전거 타기, 아령 등이다. 물론 이런 운동만으로도 건강 향상에 큰 도움이 된다. 그러나 더 효율적으로 건강을 개선하고 다이어트 효과를 얻기 위해서는 운동 방식에 변화가 필요하다. 왜냐하면 운동 강도를 높이거나 방식에 변화를 줘야 (　　　) 성과가 나타나기 때문이다.

問題 **1**
○○○
문 : (　　　) に入るのは、공들인 만큼의である。

問題 **2**
○○○
문 : (　　　) に入るのは、열심히 한 정도의である。

問題 **3**
○○○
문 : (　　　) に入るのは、정성을 들인 만큼의である。

問題 **4**
○○○
문 : (　　　) に入るのは、성의를 다한 만치である。

問題 **5**
○○○
문 : (　　　) に入るのは、땀 흘린 만큼의である。

> フィットネスセンターなどで女性が好んで使用する運動器具は、トレッドミル、サイクリングマシーン、アレーなどだ。もちろん、このような運動だけでも健康の向上に大きく役立つ。しかし、より効率的に健康を改善しダイエット効果を得るためには、運動方式に変化が必要だ。なぜなら、運動強度を高めたりやり方に変化を与えたりしないと（　　　）成果が表れないからだ。

1 ◯

【訳】問：かけた労力に見合う
（　）には、「運動をやっただけの」の意味になり得るものであればいいので、◯です。

2 ✕

【訳】問：一所懸命やった程度の
한 정도의は、「～ただけの」の意味にはなりません。「～した程度の」意味なので、✕です。

3 ◯

【訳】問：丁寧にやった分の
정성을 들이다は、心を込めて何かをやるという意味なので、◯でいいです。

4 ✕

【訳】問：誠意を尽くした分
内容的に、誠意とは距離のある内容なので、✕になります。

5 ◯

【訳】問：流した汗に見合うくらいの
땀 흘린 만큼は、熱心に 한 만큼とほぼ同じ意味合いの事柄になるので、◯でいいと思います。

※文章を読んで、設問に〇か×で答えなさい。

　기온이 내려가면 고혈압이 있는 사람들에게 빨간불이 켜진다. 추위 때문에 혈관이 수축해 혈압이 높아지기 때문이다. 겨울철에 대비한 고혈압 관리법으로는 무엇보다 운동량의 감소에 따른 음식 섭취량의 증가에 주의해야 한다. 체중이 늘어나면 혈압도 높아지기 때문이다. 과도한 나트륨 섭취가 (　　　) 얼큰한 국물 요리도 되도록 삼가해야 한다.

問題
1
〇〇〇

　문 : (　　　) に入るのは、혈압을 상승시키기 때문에である。

問題
2
〇〇〇

　문 : (　　　) に入るのは、혈압을 높이는 효과도 있으므로である。

問題
3
〇〇〇

　문 : (　　　) に入るのは、혈압 상승을 유발하기 때문에である。

問題
4
〇〇〇

　문 : (　　　) に入るのは、혈압을 높이는 경우도 있으므로である。

問題
5
〇〇〇

　문 : (　　　) に入るのは、혈압 상승을 초래하므로である。

解答・解説

　気温が下がると高血圧がある人には赤信号がともる。寒さのせいで血管が収縮し血圧が上がるからだ。冬に備える高血圧の管理法としては何よりも、運動量の減少による食べ物の摂取量の増加に注意しなければならない。体重が増えると血圧も上がるからだ。過度なナトリウム摂取が（　　　）辛いスープ料理もできるだけ控えなければならない。

1 ○
【訳】問：血圧を上昇させるので
文の流れから「血圧を上げることもあるので」の意味に近いものになればOKです。○です。

2 ✕
【訳】問：血圧を上げる効果もあるので。
血圧を上げることは、よくないことなので、✕になります。

3 ○
【訳】問：血圧の上昇を誘発するため
文の流れから「血圧を上げることもあるので」の意味に近いものになればOKです。○です。

4 ○
【訳】問：血圧を上げる場合もあるので
文の流れから「血圧を上げることもあるので」の意味に近いものになればOKです。○です。

5 ○
【訳】問：血圧の上昇を招くので
文の流れから「血圧を上げることもあるので」の意味に近いものになればOKです。○です。

※文章を読んで、設問に○か×で答えなさい。

結혼은 낭만보다 현실이라고 한다. 결혼하고 나면 감당해야 할 문제들이 많이 있고 그것을 해결하지 못하면 관계가 어려워지기 때문이다. (　　) 비혼을 택하는 사람도 늘고 있지만 만일 당신이 결혼을 택하는 입장에 선다면 충돌을 최소화하기 위한 노력을 해야 할 필요가 있다. 어떤 심리학자는 그에 대한 방법으로 1가지의 부정적인 일이 일어났을 때 5가지의 긍정적인 일을 실천할 것을 충고한다.

問題
1
○○○
　문 : (　　) に入るのは、그것을 계기로である。

問題
2
○○○
　문 : (　　) に入るのは、그 때문에である。

問題
3
○○○
　문 : (　　) に入るのは、이러한 이유로である。

問題
4
○○○
　문 : (　　) に入るのは、그로 인해である。

問題
5
○○○
　문 : (　　) に入るのは、그러한 것들을 이유로である。

結婚はロマンより現実だと言う。結婚すれば、堪えなければならない問題がたくさんあり、それを解決できなければ関係が悪くなるからだ。（　　　）非婚を選択する人も増えているが、万が一あなたが結婚を選択する立場になるなら、衝突を最小化するための努力をする必要がある。ある心理学者はそのための方法として、1つの否定的なできごとが起きた時、5つの肯定的なできごとを実践することを勧める。

1　✕

【訳】問：それをきっかけに

それをきっかけに非婚を選ぶわけではないので、✕になります。

2　◯

【訳】問：そのために

それを理由に非婚を選ぶ人も増えているという意味の流れになり得るので、◯です。

3　◯

【訳】問：このような理由で

それを理由に非婚を選ぶ人も増えているという意味の流れになり得るので、◯です。

4　◯

【訳】問：それによって

それを引き金に非婚を選ぶ人も増えているという意味の流れになり得るので、◯です。

5　◯

【訳】問：そのようなことを理由に

それを理由に非婚を選ぶ人も増えているという意味の流れになり得るので、◯です。

※文章を読んで、設問に○か×で答えなさい。

한때 초능력으로 숟가락을 구부릴 수 있다며 TV에 출연해 선풍적인 인기를 끌었던 유리 겔라라는 사람이 있었다. 그러나 그것은 미리 몰래 구부려 놓은 것을 사용하여 사람들을 교묘하게 속이는 (   ). 겔라가 미국의 한 방송에 출연했을 때 소품 팀이 숟가락과 열쇠 등 모든 소품에 일체 손을 못 대게 하고 생방송에 들어가게 하자 겔라는 20여 분 동안 숟가락 하나 구부리지 못하고 내려갔다.

問題 1
○○○
문 : (   ) 에 들어가는 것은, 단순 마술 트릭에 불과했다이다.

問題 2
○○○
문 : (   ) 에 들어가는 것은, 거짓 쇼에 지나지 않았다이다.

問題 3
○○○
문 : (   ) 에 들어가는 것은, 거짓 기만에 불과했다이다.

問題 4
○○○
문 : (   ) 에 들어가는 것은, 초능력과는 거리가 먼 사기였다이다.

問題 5
○○○
문 : (   ) 에 들어가는 것은, 사기 농간에 지나지 않았다이다.

　一時、超能力でスプーンを曲げられるとしてTVに出演し旋風的な人気を誇ったユリ・ゲラーという人がいた。しかしそれは、あらかじめ密かに曲げておいたものを使って、人々を巧妙に騙す（　　　）。ゲラーがアメリカのある番組に出演した時、小道具チームがスプーンや鍵など全ての小道具にいっさい手を触れさせずに生放送に入るようにしたところ、ゲラーは20数分の間、スプーンひとつ曲げられず、舞台を降りた。

---

1 ◯

【訳】問：単純なマジックトリックに過ぎなかった

교묘하게 속이는가 （　）の前にあるので、意味の流れとして◯です。

---

2 ◯

【訳】問：偽りのショーに過ぎなかった

교묘하게 속이는가 （　）の前にあるので、거짓 쇼는、適切な言い方になります。

---

3 ◯

【訳】問：偽りの欺瞞に過ぎなかった

교묘하게 속이는가 （　）の前にあるので、거짓 기만은、適切な言い方になります。

---

4 ◯

【訳】問：超能力とは程遠い詐欺だった

교묘하게 속이는가 （　）の前にあるので、거리가 먼 사기는、適切な言い方になります。

---

5 ◯

【訳】問：詐欺の手管に過ぎなかった。

교묘하게 속이는가 （　）の前にあるので、사기 농간은、適切な言い方になります。

※文章を読んで、設問に○か×で答えなさい。

　　재택근무로의 전환으로 인해 실내 활동이 증가하는 가운데 올바르지 않은 자세로 눕거나 앉아 있는 시간이 길어지면서 (　　　) 사람들이 늘고 있다. 그런가 하면 이번에는 실내 활동을 하다가 갑자기 오랜만에 야외 활동을 하면서 허리 등의 척추 관절에 이상을 느끼는 사람도 적지 않다. 이럴 때 허리 통증을 가볍게 여겨 파스 등으로 넘어가려고 하는 경우가 있다.

問題
1
○○○

문 : (　　　) に入るのは、허리 디스크를 앓는である。

問題
2
○○○

문 : (　　　) に入るのは、허리 질환으로 이어지는である。

問題
3
○○○

문 : (　　　) に入るのは、허리가 뻐근해지는である。

問題
4
○○○

문 : (　　　) に入るのは、허리 통증을 호소하는である。

問題
5
○○○

문 : (　　　) に入るのは、허리가 쑤신다는である。

在宅勤務への転換により室内活動が増える中、正しくない姿勢で横になったり座っていたりする時間が長くなることで、（　　　　）人が増えている。そうかと思えば、今度は室内活動をしていていきなり久しぶりに野外活動をすることで、腰などの脊椎に異常を感じる人も少なくない。こんな時、腰の痛みを軽く見て、湿布などでやり過ごそうとする場合がある。

1　○　【訳】問：椎間板ヘルニアを病む
（　）の前に올바르지 않은 자세로と言っているので、허리 디스크를 앓는는、適切な言い方になります。

2　×　【訳】問：腰の疾患へとつながる
올바르지 않은 자세로と内容的には呼応していますが、이어지는が適切な言い方ではありません。

3　×　【訳】問：腰が凝る
허리가 뻐근해지는는、一時的な筋肉痛を指すことが多いので、×です。

4　○　【訳】問：腰の痛みを訴える
（　）の前に올바르지 않은 자세로と言っていることと合います。○です。

5　○　【訳】問：腰がうずくという
正しくない姿勢で長く座っていると허리가 쑤시는 경우が生じることもあります。○です。

※文章を読んで、設問に〇か×で答えなさい。

카카오페이는 온라인과 오프라인을 연결하는 간편 결제 서비스를 시작한다고 밝혔다. 현금과 신용 카드를 (　　　) 불편함이나 카드 번호 입력 등의 번거로움을 카카오페이 결제로 간단하게 해결할 수 있는 서비스를 제공한다는 것이다. 이 서비스가 실행되면 백화점, 쇼핑몰, 해외 직구 사이트 등에서도 결제가 가능해진다고 한다.

問題 1

문 : (　　　) 에 入るのは、손으로 주고받아야 하는である。

〇〇〇

問題 2

문 : (　　　) 에 入るのは、일일이 지갑에서 꺼내야 하는である。

〇〇〇

問題 3

문 : (　　　) 에 入るのは、가지고 다녀야 하는である。

〇〇〇

問題 4

문 : (　　　) 에 入るのは、소지해야 하는である。

〇〇〇

問題 5

문 : (　　　) 에 入るのは、주었다 받았다 해야 하는である。

〇〇〇

解答・解説

カカオペイは、オンラインとオフラインをつなぐ簡易決済サービスを始めると発表した。現金とクレジットカードを（　　　）不便やクレジットカードの番号入力などの煩わしさを、カカオペイ決済によって簡単に解決するサービスを提供するというものだ。このサービスが実施されれば、デパート、ショッピングモール、海外直販サイトなどでも決済が可能になるという。

1 ○
【訳】問：手渡しでやりとりしなければならない
손으로 주고받아야 하는는 , 불편함이나 번거로움에 해당하므로、○です。

2 ○
【訳】問：いちいち財布から取り出さなければならない
일일이 지갑에서 꺼내야 하는는 , 불편함이나 번거로움에 해당하므로、○です。

3 ○
【訳】問：持ち歩かなければならない
가지고 다녀야 하는는、불편함이나 번거로움에 해당하므로、○です。

4 ○
【訳】問：所持しなければならない
소지해야 하는는、불편함이나 번거로움에 해당하므로、○です。

5 ○
【訳】問：受け渡しをしなければならない
주었다 받았다 해야 하는는、불편함이나 번거로움에 해당하므로、○です。

※文章を読んで、設問に○か×で答えなさい。

> 기상청에 따르면 전날 밤 늦게 한파 주의보가 발효된 가운데 전국 곳곳의 아침 최저 기온이 영하로 떨어졌다. 이에 따라 주말에도 전국 대부분 지역의 아침 최저 기온이 3도 (   ) 바람이 강하게 불어 초겨울 날씨가 한동안 이어질 것으로 예상된다. 기상청은 급격한 저온 현상으로 인한 농작물의 피해에 각별히 주의할 것을 당부했다.

問題
1
○○○
문 : (   ) に入るのは、근처에서 맴돌고である。

問題
2
○○○
문 : (   ) に入るのは、가까이로 떨어지고である。

問題
3
○○○
문 : (   ) に入るのは、부근에서 묵고である。

問題
4
○○○
문 : (   ) に入るのは、안팎에 머물고である。

問題
5
○○○
문 : (   ) に入るのは、언저리에서 왔다 갔다 하고である。

気象庁によると、昨夜遅くに寒波注意報が発効された中、全国各地の朝の最低気温が氷点下に下がった。これにより週末にも全国ほとんどの地域の朝の最低気温が3度（　　　）、風が強まり、初冬の天気がしばらく続くものと予想される。気象庁は、急激な低温現象による農作物の被害に格別に注意するよう呼びかけた。

---

1 ◯

【訳】問：近くで止まり

最低気温が3度近くで推移するという意味なので、文として成立します。

---

2 ◯

【訳】問：近くまで下がり

最低気温が3度近くまで下がるという意味なので、文として成立します。

---

3 ✕

【訳】問：付近で泊まり

묵고は、宿泊するという意味です。文の流れと合いません。✕です。

---

4 ◯

【訳】問：前後にとどまり

안팎は、基本的に場所を表す言い方ですが、3度を基準にその前後という意味にもなるので、◯です。

---

5 ◯

【訳】問：あたりで行ったり来たりして

언저리とはその辺という意味です。行ったり来たりするということなので、◯です。

※文章を読んで、設問に○か×で答えなさい。

'지구 온난화는 미국 제조 업계의 경쟁력을 앗아 가기 위해 중국인들이 만들어 낸 개념이다.' 누구의 말인지 금방 (   ). 트럼프가 2012년 자신의 트위터에 남긴 말이다. 트럼프는 대표적인 기후 변화 음모론자로 알려져 있다. 그의 트위터를 보면 지구 온난화에 관한 이야기를 거의 사기와 음모로 몰아 부친다. 트럼프뿐만의 이야기가 아니다. 한국에서도 4분의 1만이 기후 변화에 관한 이야기를 믿는다.

問題
1
○○○
　문 : (   ) 에 入るのは、짐작이 갈 만하다である。

問題
2
○○○
　문 : (   ) に入るのは、짐작이 갈 듯하다である。

問題
3
○○○
　문 : (   ) に入るのは、예측해 본다である。

問題
4
○○○
　문 : (   ) に入るのは、추정할 수 있겠다である。

問題
5
○○○
　문 : (   ) に入るのは、예상 못 할 일도 아닌 것 같다である。

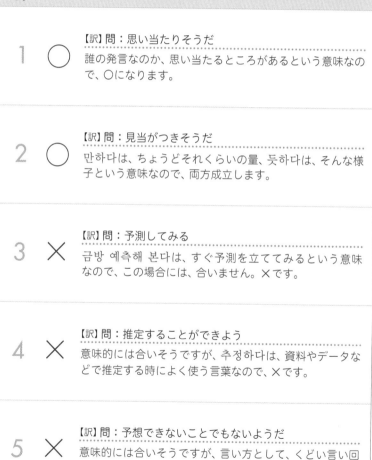

「地球温暖化は、アメリカ製造業界の競争力を奪うために中国人が作り出した概念である。」誰の言葉なのか、すぐに（　　　）。トランプが2012年、自身のツイッターに残した言葉である。トランプは代表的な気候変動の陰謀論者として知られている。彼のツイッターを見ると、地球温暖化に関する話を、ほとんど詐欺と陰謀で片づけてしまう。トランプだけの話ではない。韓国でも4分の1の人々だけが気候変動に関する話を信じている。

1　○　【訳】問：思い当たりそうだ

誰の発言なのか、思い当たるところがあるという意味なので、○になります。

2　○　【訳】問：見当がつきそうだ

만하다は、ちょうどそれくらいの量、듯하다は、そんな様子という意味なので、両方成立します。

3　✕　【訳】問：予測してみる

금방 예측해 본다は、すぐ予測を立ててみるという意味なので、この場合には、合いません。✕です。

4　✕　【訳】問：推定することができよう

意味的には合いそうですが、추정하다は、資料やデータなどで推定する時によく使う言葉なので、✕です。

5　✕　【訳】問：予想できないことでもないようだ

意味的には合いそうですが、言い方として、くどい言い回しになっています。✕です。

※文章を読んで、設問に○か×で答えなさい。

　옛날에 젊었을 때 포장마차에서 호떡 장사를 할 때의 이야기이다. 차가운 땅바닥 위에 한동안 서 있으면 발이 얼어 내 발인지 나무토막인지 모를 정도가 되어 가는 그런 세찬 겨울 바람 속에서 장사를 하는데 어느 날 인근 아파트에 사는 엄마가 아들을 데리고 내 포장마차로 왔다. 호떡을 사러 온 줄 알았더니 녹차를 뜨겁게 우려 왔다며 보온병에 담아온 녹차를 건네줬다. 세상 어느 비싼 차에 (　　　). 마음까지 따뜻함이 전해져 왔다.

問題
1　문 : (　　　) 에 들어가는 것은, 비할 바가 아니었다이다.

問題
2　문 : (　　　) 에 들어가는 것은, 견줄 맛이 아니었다이다.

問題
3　문 : (　　　) 에 들어가는 것은, 뒤질 수가 없었다이다.

問題
4　문 : (　　　) 에 들어가는 것은, 처지지 않는 맛이었다이다.

問題
5　문 : (　　　) 에 들어가는 것은, 비교할 수 없었다이다.

　昔、若かった頃、屋台でホットクを売っていた時の話だ。冷たい地面の上にしばらく立っていると足が凍えて、自分の足なのか棒切れなのかわからないくらいになる、そんな強烈な冬の風の中で商売をしていたが、ある日、近所のマンションに住む母親が息子を連れて私の屋台にやってきた。ホットクを買いにきたのかなと思ったら、熱い緑茶を淹れてきたと言って、魔法瓶に入った緑茶を渡してくれた。世の中のどんなに高いお茶にも（　　　）。心まで温かさが伝わってきた。

| 1 | ○ | 【訳】問：比べられるものではなかった |
| | | その夫人の心がこもったお茶が他に比べられないくらい美味しかったという意味なので、成立します。 |

| 2 | ○ | 【訳】問：比べる味ではなかった。 |
| | | 견주다は、同一線上に乗せて同じかどうかを見極めるという意味なので、○になります。 |

| 3 | ✕ | 【訳】問：後れをとるわけにいかなかった |
| | | 意味的には合いそうですが、言い方として、ストレート過ぎます。✕です。 |

| 4 | ○ | 【訳】問：劣らない味だった |
| | | 引けを取らない味だったという意味なので、言い方として、成立します。 |

| 5 | ○ | 【訳】問：比べることができなかった |
| | | 比較できないくらい美味しい味だったという意味なので、成立します。 |

※文章を読んで、設問に○か×で答えなさい。

이탈리아에서 희귀한 녹색 털을 가진 강아지가 태어나 화제다. 외신은 강아지가 어미 배 속에 있을 때 쓸개즙 색소가 양수와 섞여 그런 현상이 생긴 것이라고 보도했다. 녹색 털의 강아지가 태어나는 것은 (　　　) 보통 전 세계적으로 1-2년에 한 번씩 사례가 보고된다고 한다. 개 주인은 녹색은 희망과 행운을 상징한다며 자신이 직접 키울 것이라고 밝혔다.

問題 1
○○○

문 : (　　　) に入るのは、가끔 생기며である。

問題 2
○○○

문 : (　　　) に入るのは、매우 드물며である。

問題 3
○○○

문 : (　　　) に入るのは、어쩌다 발생하며である。

問題 4
○○○

문 : (　　　) に入るのは、간혹가다 있을 수 있는데である。

問題 5
○○○

문 : (　　　) に入るのは、때때로 나타나는 현상인데である。

イタリアで、珍しい緑の毛をした子犬が産まれて話題となっている。外信は子犬が母犬の胎内にいた時、胆汁の色素が羊水と混じってそのような現象が起きたのだと報道した。緑の毛の子犬が産まれるのは（　　）普通、世界的には1～2年に一度、事例が報告されるという。犬の飼い主は、緑は希望と幸運の象徴だとして、自身が直接育てるつもりだと明かした。

1 ×
【訳】問：たまに起こり
가끔 발생하는 일이며であれば、OKです。言えないことはないかもしれませんが、不自然です。

2 ○
【訳】問：非常に珍しく
녹색 털의 강아지가 태어나는 것은 매우 드문 일이다は、文として適合します。

3 ○
【訳】問：たまに発生して
녹색 털의 강아지가 태어나는 것은 어쩌다 발생하는 일이다は、文として適合します。

4 ○
【訳】問：時たまあり得ることだが
녹색 털의 강아지가 태어나는 것은 간혹가다 있을 수 있는 일이다は、言い方として、問題ありません。

5 ○
【訳】問：時々現れる現象だが
녹색 털의 강아지가 태어나는 것은 때때로 나타나는 현상이다は、言い方として、合っています。

※文章を読んで、設問に○か×で答えなさい。

인체에서 가장 빨리 늙는 장기는 바로 눈이다. 사람은 아침에 일어나 잠자리에 들기까지 보는 작업을 (   ). 그런 과정 속에서 세포를 노화시키는 활성 산소가 만들어져 노안 등이 나타나게 된다. 최근에는 컴퓨터나 스마트폰 사용이 늘면서 눈의 노화가 더 빨라지고 있는데 그 이유는 작은 화면을 계속 쳐다보다 보면 안구에 더 많은 피로가 축적되어 활성 산소를 더 만들어 내기 때문이다.

問題
1
○○○
문 : (   ) に入るのは、쉴 새 없이 계속한다である。

問題
2
○○○
문 : (   ) に入るのは、끊임없이 유지한다である。

問題
3
○○○
문 : (   ) に入るのは、쉬지 않고 계속한다である。

問題
4
○○○
문 : (   ) に入るのは、잠시도 멈추지 않는다である。

問題
5
○○○
문 : (   ) に入るのは、한순간도 그치지 않는다 である。

　人体の中で最も早く老いる臓器は他でもなく、目である。人は朝起きて寝床につくまで、見る作業を（　　　）。その過程で、細胞を老化させる活性酸素が作られ、老眼などが現れるようになる。最近ではコンピューターやスマートフォンの使用が増えることで、目の老化がより早まっているが、その理由は、小さな画面をずっと見つめていると眼球に多くの疲労が蓄積して、活性酸素をさらに作り出すからである。

1 ○

【訳】問：休む間もなく続けている

見ることを休まずに続けるという意味なので、適切な言い方となります。

2 ✕

【訳】問：絶えず維持する

보는 작업을 끊임없이 유지한다는, 언い方として不適切です。✕です。

3 ○

【訳】問：休まずに続ける

休まずに見続けるという意味なので、相応しい言い方です。

4 ○

【訳】問：少しの間も止まらない

片時も休まないという意味なので、言い方として、適切です。○です。

5 ○

【訳】問：一時（いっとき）もやめない

一時も休まないという意味なので、言い方として、文の流れに合っています。

※文章を読んで、設問に〇か×で答えなさい。

새로 짓는 공공 문화 시설들이 대부분 신도심이나 신도시에 집중돼 구도심의 (   ) 지적이 잇따르고 있다. 최근 한 지방 도시에서도 새 도서관과 시민 미디어 센터 등을 신도시에 짓기로 함에 따라 구도심 지역 주민들로부터 심한 반발을 불러 일으켜 문제가 되고 있다. 구도심 지역 주민들은 이 계획이 실현될 경우 더 심한 지역 격차를 불러올 수 있다며 해당 시청에 재고해 줄 것을 요청하고 있다.

問題
1
〇〇〇

문 : (   ) に入るのは、재개발을 막고 있다는である。

問題
2
〇〇〇

문 : (   ) に入るのは、쇠퇴를 부추긴다는である。

問題
3
〇〇〇

문 : (   ) に入るのは、몰락을 유발한다는である。

問題
4
〇〇〇

문 : (   ) に入るのは、활성화를 외면하고 있다는である。

問題
5
〇〇〇

문 : (   ) に入るのは、구심점을 없애 버린다는である。

　　新たに建てる公共文化施設が、ほとんど新都心や新都市に集中し、旧都心部の（　　　）指摘が相次いでいる。最近ある地方都市でも、新たな図書館と市民メディアセンターなどを新都市に建てることにしたことで、旧都心地域の住民たちから強い反発を受けて問題となっている。旧都心地域の住民たちはこの計画が実現した場合、さらにひどい地域格差をもたらしうるとして、該当する市庁に、再考してくれることを要請している。

1　◯

【訳】問：再開発を阻んでいるという
旧都心を不利にする内容のものであれば、何でも文の流れに合います。OK です。

2　◯

【訳】問：衰退を促進させるという
旧都心を悪くするという話なので、文の流れに合っています。

3　◯

【訳】問：没落を誘発するという
旧都心の没落を誘発すると言っているので、文の流れに合います。◯です。

4　◯

【訳】問：活性化から目を背けているという
旧都心の活性化から目を背けているという話なので、文の流れに合います。◯です。

5　✕

【訳】問：求心点をなくしてしまうという
求心点をなくしてしまうことが旧都心を悪くすることなのかどうかがはっきりしません。✕です。

읽기⑤ 穴埋め&内容一致問題 [19~24]対応問題

学習の ポイント

この形式からは、3セット計6問出題されます。穴埋めや話し手の心情を聞く問題と、地の文の内容と一致するものや中心的な思いを聞く問題との2問セットが3回続くパターンです。本文の内容と一致するものや中心的な考えを選ぶ問題ですから、先に選択肢を読んでから問題を読むようにした方が効果的です。

✎ 実際の問題形式

※ 다음을 읽고 물음에 답하십시오. 　각 2점

　댓글이란 인터넷 게시물 밑에 남기는 짧은 글을 말한다. 어떤 인터넷 게시물이든 보통 게시물의 밑에 댓글란을 두어 게시물의 내용과 관련하여 독자가 자신의 의견을 표현할 수 있도록 되어 있다. 자신의 의견을 자유로이 말할 수 있게 해 놓았기 때문에 (　　　) 댓글 내용에 대해서 토론이 벌어지기도 하고 때에 따라서는 인터넷 기사를 쓴 사람과 댓글을 단 사람 간에 비난이나 비판이 난무하기도 한다.

---

19. (　　　) 에 들어갈 알맞은 것을 고르십시오.

　　① 완전히　　　② 전혀　　　③ 언제나　　　❹ 때때로

20. 위 글의 내용과 같은 것을 고르십시오.

　　① 모든 게시물에 댓글을 달 수 있는 것은 아니다.
　　② 독자가 자신의 의견을 남길 수 없는 게시물도 있다.
　　③ 댓글을 다는 사람은 인터넷 기사를 비판할 수 없다.
　　❹ 댓글을 통해서 서로 다른 의견을 나누는 경우가 있다.

※次を読んで質問に答えて下さい。 　各2点

> 　リプライ（コメント）とはネット記事の下に残す短い文を指す。どんなネット投稿であろうと投稿の下にリプライ欄を設け、投稿内容に関連して読者が自分の意見を言えるようにするのが普通である。自分の意見を自由に言えるようにしてあるため、（　　　）リプの内容を巡って討論が起きたり、時によってはネット記事を書いた人とリプを送った人との間で非難や批判が飛び交ったりすることもある。

19.（　　　）に入る適切な表現を選んで下さい。

　　　① 完全に　　　② 全く　　　③ いつも　　　❹ 時々

20. 上の文の内容と同じものを選んで下さい。

　　　① すべての記事にリプライを送れるわけではない。
　　　② 読者が自分の意見を残せない記事もある。
　　　③ リプライを送る人はネット記事を批判することが出来ない。
　　　❹ リプライを通して互いに違う意見を分かち合うことがある。

1 解法のポイント

　例題を見てみましょう。19番から見ていきますが、「완전히」「전혀」「언제나」「때때로」この4つのうち、適切なものは④になります。いつもそのようなことが起きるわけではないので③は正解にはなりません。次に20番ですが、①や②は同じ内容です。本文は基本的にリプライは送れるものなのだと言っているので、両方とも内容と一致しません。批判も非難も出来ないことはないので③も不正解です。

2 最近の出題傾向

　このブロックでは、2問セットのものが3つ続きます。2問セットというのは、穴埋めと内容把握です。穴埋め型からは、適切な副詞や接続詞、形容詞を選ぶものや文の流れに相応しい慣用句を選ぶ問題とが出され、内容把握型は、問題文の内容と一致するものや問題文が最も伝えたい内容を選ぶ問題とが出題されます。このブロックの出題の仕方も、検定問題が非公開になることからの影響は全く受けません。文と文の間をつなぐ時にどんな言葉を使用するのか、ある特定の気持ちを表現する時にどんな形容詞を使うのか、問題文を読んで一番言いたいことは何か、また全般的に何を言っているのかなどを把握する能力は、極めて重要なファクターになるからです。

　第64回検定試験では、単語や慣用句から、과연 (果たして)、만약 (もし)、게다가 (それに)、이처럼(このように)、앞뒤를 재다 (前後を見計らう)、진땀을 흘리다 (冷や汗をかく)、발목을 잡다 (足を引っ張られる)、귀를 기울이다 (耳を傾ける)、걱정스럽다 (心配だ)、불만스럽다 (不満さ)、후회스럽다 (悔いが残る)、당황스럽다 (困惑する) などが使われました。

コラム

　人は皆、生まれながら、存在性と関係性を併せ持った中で生きていきます。2つのうち、存在性を拡充するのは、なかなか難しいです。生まれ変わりに近いことをしなければならないからです。しかし、関係性を豊かにすることはできます。実は、この関係性の拡充こそが、日常の疲れやストレスから、われわれを自由にさせてくれる働きをします。皆さんが、韓国語の勉強をしたいと思いつくのも、実は、この関係性拡充につながるのです。高が韓国語でそんな喜びが得られるのかって？ やってごらんなはれ！

※文章を読んで、設問に○か×で答えなさい。

> 멸종 위기에 처한 북극곰이 쓰레기차에 달라붙어 먹이를 구걸하는 듯한 모습을 찍은 동영상이 화제가 되고 있다. 이 영상 속에서 북극곰 무리는 쓰레기 트럭을 가로막고 (   ) 트럭 안으로 기어 들어가기까지 했다. 동영상을 본 사람들은 신기해 하면서도 얼마나 배고팠으면 그랬겠냐며 안타까워하기도 했다.

問題
1
○○○
문 : (   ) に入るのは、심지어である。

問題
2
○○○
문 : (   ) に入るのは、도리어である。

問題
3
○○○
문 : (   ) に入るのは、오히려である。

問題
4
○○○
문 : (   ) に入るのは、더군다나である。

問題
5
○○○
문 : 북극곰이 쓰레기를 파헤치고 있다.
は、文章の内容と一致しています。

問題
6
○○○
문 : 북극곰이 쓰레기차를 노릴 정도로 굶주리고 있다.
は、文章の内容と一致しています。

問題
7
○○○
문 : 북극곰이 도로를 주행하는 트럭을 방해하고 있다.
は、文章の内容と一致しています。

問題
8
○○○
문 : 북극곰이 쉽게 먹이를 구하는 방법을 터득하고 있다. は、文章の内容と一致しています。

解答・解説

絶滅危機に瀕したホッキョクグマが、ごみ収集車にすがって餌をおねだりするかのような姿を撮った動画が話題になっている。この映像の中で、ホッキョクグマの群れはごみ収集車を遮って（　　）トラックの中にまで潜り込んだ。動画を見た人々は珍しがりながらも、よほどお腹が空いた末の行動なのだろうと、可哀そうと言った。

1	○	【訳】問：さらに （　）の後に기어들어가기까지 했다が続くので、余分な追加、予想しない追加の意味を持つ심지어は、○です。
2	×	【訳】問：かえって 트럭을 가로막고と트럭 안으로 기어들어가기까지とは、도리어でつながる出来事ではありません。
3	×	【訳】問：むしろ 오히려と도리어は、ほぼ同じ意味です。前後文脈を오히려でつなげるのは、不適切です。
4	○	【訳】問：しかも 더군다나は、想像を超えて何かが重なって起こることを表す言葉なので、適切な言葉となります。
5	×	【訳】問：ホッキョクグマがごみをあさっている。 파헤치다は、地面を掘る動きに焦点を絞る言葉なので、本文の内容と合っていません。
6	○	【訳】問：ホッキョクグマがごみ収集車を狙うほどに飢えている。 餌がなくごみ収集車におねだりするくらいですから、本文の内容と一致します。
7	×	【訳】問：ホッキョクグマが道路を走行するトラックを邪魔している。 도로를 주행하는 트럭을 방해하고は、問題文の内容と一致しません。×です。
8	×	【訳】問：ホッキョクグマが楽に餌を得られる方法を会得している。 ごみ収集車に餌を求めることを쉽게 먹이를 구하는 방법と言うことは出来ません。×です。

※文章を読んで、設問に○か×で答えなさい。

　생태 모방 기술이란 생물의 구조와 기능, 시스템 등을 기술에 적용하는 것을 말한다. 예를 들면 운동화 등에 사용되는 찍찍이는 스위스에서 도꼬마리라는 식물의 가시를 모방해서 만들어진 것이고 수영 대회의 기록을 (　　　　) 단축시킨 무저항 전신 수영복은 상어의 피부를 모방해서 만들어졌다.

問題
1
○○○
　문 : (　　　　) に入るのは、큰 폭으로である。

問題
2
○○○
　문 : (　　　　) に入るのは、대폭である。

問題
3
○○○
　문 : (　　　　) に入るのは、넓은 범위로である。

問題
4
○○○
　문 : (　　　　) に入るのは、대대적으로である。

問題
5
○○○
　문 : 생태 모방 기술의 가능성은 무궁무진하다。
　　　は、文章の内容と一致しています。

問題
6
○○○
　문 : 생태 모방 기술은 자연에서 힌트를 얻는다。
　　　は、文章の内容と一致しています。

問題
7
○○○
　문 : 생태 모방 기술의 성과가 속속 나오고 있다。
　　　は、文章の内容と一致しています。

問題
8
○○○
　문 : 생태 모방 기술은 생태 연구가 뒷받침되어야 한다。
　　　は、文章の内容と一致しています。

生態模倣技術とは、生物の構造と機能、システムなどを技術に適用することを言う。たとえばスニーカーに使われているマジックテープは、スイスでオナモミという植物のトゲを模倣して作られたものであり、水泳大会の記録を（　　　）短縮させた無抵抗全身水着は、サメの肌を模倣して作られた。

1	○	【訳】問：大幅に （　）の後に続く단축시킨に合う内容であれば、OK です。 큰 폭으로 단축시킨は、言えます。
2	○	【訳】問：大幅に （　）の後に続く단축시킨に合う内容であれば、OK です。 대폭 단축시킨は、言えます。
3	✕	【訳】問：広い範囲で （　）の後に続く단축시킨に合う内容であれば、OK です。 넓은 범위로は、合いません。✕です。
4	✕	【訳】問：大々的に （　）の後に続く단축시킨に合う内容であれば、OK です。 대대적으로 단축시킨は、変な言い方です。
5	✕	【訳】問：生態模倣技術の可能性は無限である。 可能性はあると思いますが、無限かと言ったら、分かりません。✕です。
6	○	【訳】問：生態模倣技術は自然からヒントを得ている。 動物、植物は自然と言えるので、○になります。
7	○	【訳】問：生態模倣技術の成果が続々と表れている。 現に様々なものが発表されているので、성과가 속속 나오고 있다と言えます。
8	✕	【訳】問：生態模倣技術は生態研究に裏付けされなければならない。 生態系研究による裏付けは必要かもしれませんが、問題文では特に触れられていません。✕です。

※文章を読んで、設問に○か×で答えなさい。

> 파리의 에펠탑을 설계한 구스타프 에펠은 당시 세계에서 가장 높은 이 건축물을 설계하기 위해 인체의 구조에 주목하였다. (A) 어떻게 해야 높은 탑을 무너지지 않게 하고 또 보는 (B) 불안해 보이지 않게 할 수 있을까를 고민하다가 사람의 대퇴골에서 그 힌트를 찾은 것이다.

問題 1	문 : (A) に入るのは、만일である。
問題 2	문 : (A) に入るのは、혹은である。
問題 3	문 : (A) に入るのは、과연である。
問題 4	문 : (A) に入るのは、설사である。
問題 5	문 : (B) に入るのは、사람으로 인해である。
問題 6	문 : (B) に入るのは、사람을 시켜서である。
問題 7	문 : (B) に入るのは、사람에 따라서である。
問題 8	문 : (B) に入るのは、사람으로 하여금である。
問題 9	문 : 에펠탑은 사람의 뼈의 구조를 힌트로 세워졌다. は、文章の内容と一致しています。
問題 10	문 : 에펠탑은 당시에는 세계에서 가장 높은 건축물이었다. は、文章の内容と一致しています。
問題 11	문 : 에펠탑은 안정감 있는 구조를 하고 있다. は、文章の内容と一致しています。
問題 12	문 : 에펠탑은 설계자의 이름을 본따 명명되었다. は、文章の内容と一致しています。

解答・解説

> パリのエッフェル塔を設計したギュスターヴ・エッフェルは、当時、世界で最も高い建築物を設計するため人体の構造に注目した。（ Ａ ）どうすれば高い塔が崩れないようにし、また見る（ Ｂ ）不安定に見えないようにできるかを悩むうちに、人の大腿骨からそのヒントを見つけたのだ。

1	✕	【訳】問：万が一 어떻게 해야의 앞에 오는 導入의 副詞로서 가장 적절한 것은, 과연 (果たして) 입니다.
2	✕	【訳】問：または 어떻게 해야의 앞에 오는 導入의 副詞로서 가장 적절한 것은, 과연 (果たして) 입니다.
3	◯	【訳】問：果たして 어떻게 해야의 앞에 오는 導入의 副詞로서 가장 적절한 것은, 과연 (果たして) 입니다.
4	✕	【訳】問：たとえ 어떻게 해야의 앞에 오는 導入의 副詞로서 가장 적절한 것은, 과연 (果たして) 입니다.
5	✕	【訳】問：人に起因して ~으로 인해의 의미와 불안해 보이지 않게 할 수 있을까とは, 合いません。✕です。
6	✕	【訳】問：人を使って 사람을 시켜서의 의미가 불안해 보이지 않게 할 수 있을까에, 合いません。✕です。
7	✕	【訳】問：人によって 사람에 따라서의 의미가 불안해 보이지 않게 할 수 있을까에, 合いません。✕です。
8	◯	【訳】問：人にとって 사람으로 하여금의 의미와 불안해 보이지 않게 할 수 있을까とが合います。◯です。
9	◯	【訳】問：エッフェル塔は人間の骨の構造をヒントに造られた。 인체의 구조에 주목하였다と問題文で言っているのを踏まえると、◯になります。
10	◯	【訳】問：エッフェル塔は当時としては世界で最も高い建築物だった。 당시 세계에서 가장 높은と言っているのを踏まえると、◯になります。
11	◯	【訳】問：エッフェル塔は安定感のある構造をしている。 불안해 보이지 않게 할 수 있을까と書いてあるので、それが안정감 있는 구조になります。◯です。
12	◯	【訳】問：エッフェル塔は設計者の名をとって命名された。 파리의 에펠탑을 설계한と書いてあるので、◯です。

※文章を読んで、設問に〇か×で答えなさい。

테니스를 치는 운동선수에게서 잘 나타나는 팔꿈치 주변 부위에 생기는 염증을 테니스엘보라고 부른다. 하지만 테니스 같은 운동을 전혀 하지 않는 주부들한테서도 테니스엘보의 발병률이 의외로 높다. 빨래나 설거지, 청소 등의 집안일로 지속적으로 팔을 쓰다 보면 (   ) 팔꿈치 주변 조직이 상하기 쉽기 때문이다.

問題 1
문 : (   ) に入るのは、운동선수만큼이나である。

問題 2
문 : (   ) に入るのは、주부라 하더라도である。

問題 3
문 : (   ) に入るのは、쓰는 빈도에 따라서である。

問題 4
문 : (   ) に入るのは、마모가 심해지면서である。

問題 5
문 : 上の文章でもっとも言いたいことは、주부들도 테니스를 치면 테니스엘보가 생기기도 한다.である。

問題 6
문 : 上の文章でもっとも言いたいことは、테니스엘보가 꼭 테니스 선수에게만 생기는 것은 아니다.である。

問題 7
문 : 上の文章でもっとも言いたいことは、팔을 지속적으로 쓰는 사람은 테니스엘보가 생기기 쉽다.である。

問題 8
문 : 上の文章でもっとも言いたいことは、집안일을 하다 보면 팔꿈치가 상하기도 한다.である。

テニスをするアスリートによく表れる、肘周辺の部位に生じる炎症をテニスエルボー（テニス肘）と呼ぶ。しかし、テニスのようなスポーツをまったくしない主婦の間でもテニスエルボーの発病率が意外と高い。洗濯や皿洗い、掃除など家事のために持続的に腕を使うとなると、（　　　）肘の周辺組織が損傷しやすいからだ。

| 1 | ○ | 【訳】問：アスリートと同じくらい |
| | | 主婦といえども運動選手만큼이나 팔꿈치 주변 조직이 상하기 쉽다는 것이므로、○です。 |

| 2 | ○ | 【訳】問：主婦といえども |
| | | 主婦といえども 傷つくことが起こると言う意味なので、○です。 |

| 3 | × | 【訳】問：使う頻度によって |
| | | 使う頻度が多くなれば損傷を受けることもあるという意味なので、따라서では意味がずれてきます。×です。 |

| 4 | ○ | 【訳】問：摩耗が酷くなるにつれ |
| | | 마모가 심해지면서 주변의 조직이 상한다는 것은 있을 수 있는 것이므로、○です。 |

| 5 | × | 【訳】問：主婦もテニスをするとテニスエルボーになることがある。 |
| | | テニスエルボーが主婦の間にも発生するという話は、一番言いたいことではありません。 |

| 6 | ○ | 【訳】問：テニスエルボーは必ずしもテニスプレイヤーだけに生じるものではない。 |
| | | テニスエルボーというとテニス選手の専有物と考えやすいが、実は、という話なので、これが○です。 |

| 7 | × | 【訳】問：腕を持続的に使う人はテニスエルボーになりやすい。 |
| | | 腕の話がメインではありません。×です。 |

| 8 | × | 【訳】問：家事をしていると肘が損傷を受けることもある。 |
| | | 家事をやって肘が故障する話は、メインテーマではありません。 |

※文章を読んで、設問に○か×で答えなさい。

> 건조하고 차가운 공기와 함께 찌릿찌릿 정전기의 계절이 왔다. 비록 순간적이긴 하지만 (　　　) 이 정전기를 미리 예방하는 방법이 있다. 정전기가 발생하는 것은 건조한 대기가 의류와 만날 때 생기는 것이기 때문에 마찰이 많은 옷의 어느 한쪽에 금속 재료로 된 옷핀이나 클립을 꽂아 두면 방전이 일어나므로 어느 정도 정전기를 예방할 수 있다.

問題 1 〇〇〇
문 : (　　　) に入るのは、짜릿한 느낌을 주는である。

問題 2 〇〇〇
문 : (　　　) に入るのは、기분 좋을 리 없는である。

問題 3 〇〇〇
문 : (　　　) に入るのは、불쾌하기 짝이 없는である。

問題 4 〇〇〇
문 : (　　　) に入るのは、섬찟한 경험을 하게 하는である。

問題 5 〇〇〇
문 : 上の文章でもっとも言いたいことは、대기가 건조하면 정전기가 자주 발생한다. である。

問題 6 〇〇〇
문 : 上の文章でもっとも言いたいことは、정전기는 방전시킴으로써 어느 정도 예방이 가능하다. である。

問題 7 〇〇〇
문 : 上の文章でもっとも言いたいことは、마찰이 많은 옷을 입으면 정전기를 일으키기 쉽다. である。

問題 8 〇〇〇
문 : 上の文章でもっとも言いたいことは、정전기도 전기이기 때문에 방전을 시키면 된다. である。

乾燥した冷たい空気とともにビリビリ静電気の季節が来た。たとえ一瞬のことではあっても（　　　）この静電気をあらかじめ予防する方法がある。静電気が発生するのは、乾燥した大気が衣類と出合う時に発生するものなので、摩擦が多い服の片側に金属素材でできた安全ピンやクリップを差しておけば放電が起こるため、ある程度静電気を予防することができる。

| 1 | ✕ | 【訳】問：ビリッとした感じを与える |
| | | 静電気の話なので、感動や快感に使われる짜릿한 느낌は、〇にはなりません。 |

| 2 | 〇 | 【訳】問：いい気分がするはずのない |
| | | 静電気の話なので、기분 좋을 리 없는は、適切な表現となります。 |

| 3 | ✕ | 【訳】問：不快極まりない |
| | | 静電気の話なので、不快ではありますが、불쾌하기 짝이 없는というほどのものでもありません。✕です。 |

| 4 | ✕ | 【訳】問：ぞっとする経験をさせる |
| | | 섬찟한は、恐怖や驚きなどの時に使われる言葉です。ここには合いません。 |

| 5 | ✕ | 【訳】問：大気が乾燥すると静電気がよく発生する。 |
| | | 静電気発生のメカニズムの話は、この文のメインテーマではありません。 |

| 6 | 〇 | 【訳】問：静電気は放電することによってある程度予防が可能である。 |
| | | 静電気の予防情報を伝えている内容になっているので、これがもっとも言いたい内容になります。 |

| 7 | ✕ | 【訳】問：摩擦の多い服を着ると静電気を起こしやすい。 |
| | | 確かにその通りですが、これは静電気に関する知識の一部です。メインの話にはなりません。 |

| 8 | ✕ | 【訳】問：静電気も電気なので、放電させればいい。 |
| | | そうかもしれませんが、それを言いたい内容のメインではありません。 |

※文章を読んで、設問に○か×で答えなさい。

　　긴 장마와 태풍에 농산물값이 큰 폭으로 오르고 있다. 수원
에 사는 이 모 씨는 지난 주말 마트에 장을 보러 갔다가 배추
가 한 포기에 1만 원이 넘는 걸 보고 김치 담그기를 포기했
다. 유례없이 길었던 장마에 태풍까지 겹쳐 물가가 고공 행진
을 멈출 줄을 모르고 있는 것이다. 배추뿐만이 아니라 무, 토
마토, 파 등의 채소값도 (　　　　) 장보기가 무섭다는 말까지
나오고 있다.

問題
1

문 : (　　　) に入るのは、자고 나면 껑충 뛰어である。

問題
2

문 : (　　　) に入るのは、하루가 무섭게 올라である。

問題
3

문 : (　　　) に入るのは、바닥에 떨어져である。

問題
4

문 : (　　　) に入るのは、이틀도 못 가である。

問題
5

문 : 上の文章でもっとも言いたいことは、김치를 담글 수가
없을 정도로 배추값이 비싸다. である。

問題
6

문 : 上の文章でもっとも言いたいことは、긴 장마와 태풍으로
인해 이만저만 불편한 게 아니다. である。

問題
7

문 : 上の文章でもっとも言いたいことは、궂은 날씨 탓에 채
소값이 너무 올라 걱정이다. である。

問題
8

문 : 上の文章でもっとも言いたいことは、너무나 비싼 물가
탓에 장보러 가기가 무섭다. である。

長い梅雨と台風により農産物の価格が大幅に上がっている。水原で暮らしている李某氏は先週末スーパーに買い物に行き、白菜がひと玉1万ウォンを超えるのを見て、キムチを漬けるのをあきらめた。例年になく長かった梅雨に台風まで重なって、物価の高騰がとどまることを知らないのである。白菜だけでなく大根、トマト、ネギなどの野菜の値段も（　　　）買い物するのが怖いといった声まで上がっている。

1	○	【訳】問：日が変わると、ぴょんと跳ね上がり （　）の後に장보기가 무섭다と続くので、上がるという内容を含む話であればOKです。
2	○	【訳】問：1日で恐ろしいほど上がって 하루가 무섭게は、上がるスピードが凄まじくて1日1日が怖いという意味です。○です。
3	×	【訳】問：地に落ちて 上がるから怖いのであって、下がったら嬉しいです。×です。
4	×	【訳】問：2日ももたずに 2日も持たずと言っているので、本文と無関係です。
5	×	【訳】問：キムチを漬けることができないほどに白菜の値段が高い。 確かに白菜の値段が上がっていますが、上がっているのは白菜だけではありません。
6	×	【訳】問：長い梅雨と台風によって不便でしかたがない。 問題文が言っているのは、野菜の値段の急騰です。生活の不便さではありません。
7	○	【訳】問：ぐずつく天気のせいで野菜の値段があまりに上がって心配だ。 장보기가 무섭다と最後の文で言っています。その理由は野菜価格の急騰にあるので、これが○になります。
8	×	【訳】問：あまりに高い物価のせいで買い物に行くのが怖い。 一般的な高物価のことを心配しているのではありません。×です。

※文章を読んで、設問に○か×で答えなさい。

　　그날따라 영 능률이 오르질 않았다. 밤새 보채는 아이 때문에 잠을 설치다가 겨우 좀 눈을 붙이고 일어나 몽롱한 상태에서 글을 써야 했기 때문이다. 마감일은 다가오고 원고는 진척이 없고 <u>신경이 곤두섰다.</u> 이럴 때 조심해야 한다. 자칫 잘못하면 나의 날카로운 신경이 아내를 찌르고 아이를 겨누기 십상이기 때문이다. 잘 안 써지면 밖의 찬 공기라도 쐬면 나을까 싶지만 그도 마땅치 않고 하면 그저 날 조용히 타이른다. 그냥 가만히 마주 앉아 손가락을 놀리고 있으라고. 그렇게 손가락을 놀리고 있다 보면 원고의 양도 늘어 가고 그렇게 버티다 보면 시간이 지나 어느 정도의 양도 쌓여 간다. 그러는 가운데 팽팽했던 내 마음도 어느덧 풀어진다.

問題 1	문 : 下線の部分に表れた私の心情として適切なのは、초조하다である。
問題 2	문 : 下線の部分に表れた私の心情として適切なのは、짜증스럽다である。
問題 3	문 : 下線の部分に表れた私の心情として適切なのは、답답하다である。
問題 4	문 : 下線の部分に表れた私の心情として適切なのは、안타깝다である。
問題 5	문 : 下線の部分に表れた私の心情として適切なのは、조마조마하다である。
問題 6	문 : 일이 진척이 잘 안 돼 안절부절못한다. は、文章の内容と一致しています。
問題 7	문 : 엉뚱하게 가족에게 화풀이를 한다. は、文章の内容と一致しています。
問題 8	문 : 짜증이 나거나 하면 바람을 쐬면서 푼다. は、文章の内容と一致しています。
問題 9	문 : 그냥 잘 참고 있으면 어떻게든 된다고 생각한다. は、文章の内容と一致しています。
問題 10	문 : 능률이 오르지 않은 것은 잠을 못 잤기 때문이다. は、文章の内容と一致しています。

解答・解説

その日に限ってまったく能率が上がらなかった。夜通しむずかる子どものせいで寝そびれ、やっと少し寝ては起きて、もうろうとした状態で執筆しなければならなかったからだ。締め切りは迫ってき、原稿は進まず、神経が苛立っていた。こういう時は気をつけなければならない。まかり間違えば私の鋭い神経が妻を刺し、子どもに向かいがちだからだ。うまく書けなかったら、外の冷たい空気にでも当たればちょっとはよくなるかなと思うが、それも気が進まないとなったら、ただ自分に静かに言い聞かせる。ただじっと向き合って座り、指を動かしていろと。そうして指を動かしていると原稿の量も増え、そうして耐えていれば時間が経ち、ある程度の量もたまっていく。そうしているうちに張りつめていた私の気持ちもいつの間にかほぐれる。

1	○	【訳】問：焦る 신경이 곤두서다는, 神経が高ぶっている状態のことを指します。초조하다も原因になり得るので、○です。
2	○	【訳】問：いらいらする 신경이 곤두서다는, 神経が高ぶっている状態のことを指します。짜증스럽다も理由になれます。○です。
3	×	【訳】問：もどかしい 신경이 곤두서다の理由として、답답하다は相応しくありません。すっきりしない時に使うものだからです。
4	×	【訳】問：残念だ 신경이 곤두서다の理由として、안타깝다は相応しくありません。もどかしい時に使うものだからです。
5	×	【訳】問：はらはらする 신경이 곤두서다の理由として、조마조마하다は相応しくありません。はらはらする気持ちを表すからです。
6	×	【訳】問：仕事があまり進捗せず、そわそわする。 仕事があまり進まないのは事実ですが、それは後に続く話をするための話材です。○にはなりません。
7	×	【訳】問：家族にとんだ八つ当たりをする。 家族に八つ当たりをするという話は、出ていません。そうならないように堪えていると言っているからです。
8	×	【訳】問：いらいらすると風にあたって落ち着かせる。 그도 마땅치 않고と、その方法を否定しています。×です。
9	○	【訳】問：ただじっと我慢していれば何とかなると思う。 그냥 가만히 마주 앉아と言っているから、○になります。
10	×	【訳】問：能率が上がらないのはよく眠れなかったからだ。 確かにそうかもしれませんが、理由としては、相応しくないので○にはなりません。

※文章を読んで、設問に○か×で答えなさい。

선생님은 누군가와 전화를 하고 계셨다. 선생님의 표정으로 보아 꽤 민감한 이야기인 듯했다. 때로는 달래시기도 하고 때로는 조금 언성을 높이기도 하시면서 상당히 오래 통화를 하셨다. <u>통화를 끝내고 나서도 한동안 뭔가를 깊이 생각하고 계셨다.</u> 그러다가 결심이 서신 듯 다시 전화기를 손에 드셨다. 그리고 전화에 대고 뭔가 단호한 말투로 말씀을 하셨다. 전화의 상대가 선생님이 아끼시던 제자였다는 것을 나중에야 알았다. 그리고 그 제자와 재혼을 하셨다는 것도 한참 뒤에야 알았다. 그때의 그 전화는 어떤 내용이었을까 이런저런 상상을 해 보지만 그게 나와 무슨 상관일까 싶다. 다만 늘 우리 앞에 서 계실 때의 평소의 선생님과 판연히 달랐던 선생님의 표정이 잊혀지지 않는다.

問題 1	文 : 下線の部分に表れた私の心情として適切なのは、진지하다である。
問題 2	文 : 下線の部分に表れた私の心情として適切なのは、골몰하다である。
問題 3	文 : 下線の部分に表れた私の心情として適切なのは、심각하다である。
問題 4	文 : 下線の部分に表れた私の心情として適切なのは、절박하다である。
問題 5	文 : 下線の部分に表れた私の心情として適切なのは、불안하다である。
問題 6	文 : 선생님의 장시간에 걸친 전화의 상대방은 제자였다. は、文章の内容と一致しています。
問題 7	文 : 전화를 끊은 선생님의 표정은 밝았다. は、文章の内容と一致しています。
問題 8	文 : 평소의 선생님은 복잡한 표정을 짓는 분이 아니셨다. は、文章の内容と一致しています。
問題 9	文 : 선생님은 전화를 하실 때 굳은 표정을 하고 계셨다. は、文章の内容と一致しています。
問題 10	文 : 선생님은 아끼시던 제자에게 이별을 고하셨다. は、文章の内容と一致しています。

先生は誰かと電話で話していらした。先生の表情からして、かなり敏感な話のようだった。時にはなだめたり、時には少し語調を強めたりしながら、相当長く話していらっしゃった。電話を切ってからもしばらく何かを深く考えていらした。そうするうちに、決心されたようにまた受話器を手に取られた。そして、受話器を耳にあてると断固とした口調で何か話された。電話の相手が、先生が大事にしていた教え子だったということを後になって知った。また、その教え子と再婚なさったということも、だいぶ後になって知った。あの時のあの電話はどんな内容だったのか、あれこれ想像してみるけれど、それが私と何の関係があるのかと思う。ただ、いつも私たちの前に立つ時のふだんの先生とはまるで違っていた先生の表情が忘れられない。

1	✕	【訳】問：真剣だ
		진지하다는, 真剣、真摯の意味なので、電話の内容のことで深く考え込むこととはイメージが違います。
2	✕	【訳】問：没頭する
		골몰하다는, 目の前の何かにのめり込んで深く集中している様を表すものなので、○とは言えません。
3	○	【訳】問：深刻だ
		꽤 민감한 이야기という前置きがあるので、深刻と見ていいと思います。
4	✕	【訳】問：切実だ
		절박하다는, 切羽詰まった状況を言い表す言葉なので、違います。
5	✕	【訳】問：不安だ
		電話内容で何かを深く考え込むのは、不安とは違うものです。✕です。
6	✕	【訳】問：先生の長時間にわたる電話の相手は教え子だった。
		제자였다는 것을 나중에야 알았다と言っているので、電話の時には知り得ない事実です。✕です。
7	✕	【訳】問：電話を切った先生の表情は明るかった。
		電話を切った後、何か深く考え込んでいるわけですから、表情が明るくはありません。
8	○	【訳】問：ふだんの先生は複雑な表情をされる方ではなかった。
		평소의 선생님과 판연히 달랐던と言っています。考え込む先生の姿と違うということですから、○です。
9	○	【訳】問：先生は電話をする時、固い表情をしていらした。
		굳은 표정は、何かを思い悩む時に思わず作られる表情です。○です。
10	✕	【訳】問：先生は大事にしていた教え子に別れを告げられた。
		別れを告げたのかどうかは、分かりません。○になりません。

■ 읽기⑥ 新聞記事のタイトル問題 [25〜27] 対応問題

学習の ポイント

　この形式からは、計3問が出題されます。新聞記事の タイトルを提示し、そのタイトルを踏まえた記事内容と して最も相応しいものを選択肢から選ぶ問題です。解き 方としては、タイトルとして提示された表現を先に読 み、そこから連想した内容を4つの選択肢と照らし合わ せていくやり方の方が効果的です。タイトルのところに 使われる表現ですが、比喩や含蓄的な表現が多いので、 部分的な単語の意味に惑わされないように注意して下 さい。例えば「소비 심리 봄바람」は「봄바람 (春の 風)」が温かいイメージですから、消費心理がだいぶ緩 んできたという意味になります。「백화점 매출 기지개」 は「기지개 (伸び)」が朝起きて体を伸ばすことを意味す るので、デパートの売上がやっと伸びはじめてきたとい う意味になります。「고속도로 몸살 앓아」は「몸살을 앓다 (風邪を引いて体が痛い)」が風邪で苦しむという意 味なので、高速道路が大渋滞をしているという意味にな ります。

✎ 実際の問題形式

※다음 신문 기사의 제목을 가장 잘 설명한 것을 고르십시오. 각 2점

25.

> 꽁꽁 얼어붙은 전통 시장, 인터넷 몰은 '한파 특수'

① 길이 얼어붙어서 시장에 못 가는 사람들이 많아졌다.
❷ 추위로 인해 인터넷 몰에서 장을 보는 사람이 늘었다.
③ 인터넷 몰은 날씨와 상관없이 특수를 누리고 있다.
④ 전통 시장이 난방 대책을 충분히 마련하고 있지 않다.

※次の新聞記事のタイトルを最もよく説明したものを選んで下さい。　各2点

25.

> かちかちに凍り付いた在来市場、ネット通販は‘寒波特需’

① 道が凍り付いて市場に行けない人が多くなった。
❷ 寒さでネット通販で買い物を済ませる人が増えた。
③ インターネットモールは天気と関係なく特需を謳歌している。
④ 在来市場が暖房対策を充分に取っていない。

1 解法のポイント

　前ページの例題を見てみましょう。「얼어붙다」は「凍り付く」の意味ですが、動きが全くなく完全に止まっている状態を比喩で表す時に使います。「전통 시장(漢字では「伝統市場」)」というのは、昔ながらの屋外の市場のことです。寒波で皆が出かけるのを控えているわけですから、「전통 시장」はまるで開店休業状態になり、皆は買い物をネットに依存しているという状況なので②が正解になります。

2 最近の出題傾向

　このブロックで問題として使用される新聞記事の見出しは、意味が読み取れれば大変便利なものです。記事をすべて読まなくても、その内容がある程度分かるからです。したがって、韓国で暮らす外国人は、普段の言語生活の中で、そのような能力を備えることを求められます。新聞の記事というのは、その国の社会状況を最も如実に反映するものだからです。TOPIK Ⅱの到達目標が、韓国で生活をしていて、音声言語や文字言語、2つの領域において、あまり困らない程度のレベルを要求することを考えると、この問題の出題意義はかなり大きいと言えます。第64回試験では、観光バスの事故の見出し、沈黙を破った国会議員、民間宇宙船無事帰還の見出しなどが問題として使われました。

※次の新聞記事の見出しを見て、設問に○か×で答えなさい。

변화에 기민하게 대응할 실력 키워야...

問題 **1**

문 : 어떤 변화에든 적응할 수 있어야 한다. は、上の新聞記事の見出しをよく表わしています。

問題 **2**

문 : 어떤 변화가 닥쳐와도 민첩한 대처가 가능해야 한다. は、上の新聞記事の見出しをよく表わしています。

問題 **3**

문 : 변화에는 가능한 한 빨리 대응해야 한다. は、上の新聞記事の見出しをよく表わしています。

問題 **4**

문 : 변화에 대응할 수 있는 힘을 빨리 갖추어야 한다. は、上の新聞記事の見出しをよく表わしています。

올가을 첫 한파 특보 ... 내일 아침 서울 체감 기온 뚝

問題 **5**

문 : 내일 아침에는 기온이 큰 폭으로 내려가 추울 것으로は、上の新聞記事の見出しをよく表わしています。

問題 **6**

문 : 내일 아침은 한파로 인해 추운 날씨가 예상된다. は、上の新聞記事の見出しをよく表わしています。

問題 **7**

문 : 한파 특보가 올 들어 처음으로 내려질 것으로 보인다. は、上の新聞記事の見出しをよく表わしています。

問題 **8**

문 : 내일은 처음으로 한파 특보가 내려질 만큼 매우 춥다. は、上の新聞記事の見出しをよく表わしています。

203

解答・解説

変化に機敏に対応する実力をつけるべき…

1　×
【訳】問：どんな変化にも対応できなければならない。
....
見出しは、変化に機敏に対応する力を備えることに注目しています。適応の話は一部です。

2　○
【訳】問：どんな変化が訪れても敏捷な対処が可能でなければならない。
....
変化が起きることとそれに敏捷に対処しなければならないと言っているので、これが見出しに合います。

3　×
【訳】問：変化には可能な限り早く対応しなければならない。
....
変化への対応は早いほどいいと言っているわけではないので、×です。

4　×
【訳】問：変化に対応できる力を早く備えなければならない。
....
変化に素早く対応する力を言っているのであって、その力を早く備えるべきとは言っていません。

この秋初の寒波特別注意報 … 明朝ソウルの体感気温、急降下

5　○
【訳】問：明朝には気温が大幅に下がり寒くなることが予想される。
....
체감 기온 뚝は、体感気温ががたっと落ちる様を表す表現なので、それに合っています。

6　○
【訳】問：明朝は寒波により寒い天気が予想される。
....
첫 한파 특보に、体感気温もがたっと落ちるということなので、その状況に合っています。

7　×
【訳】問：寒波特別注意報が今年に入り始めて下される見込みだ。
....
見出しが伝えたいのは、寒波注意報の発令ではありません。×です。

8　○
【訳】問：明日は初めて寒波特別注意報が出されるくらい、とても寒い。
....
寒波注意報が出されるくらい寒いということですから、○になります。

※次の新聞記事の見出しを見て、設問に○か×で答えなさい。

글로벌 변동성에 원·달러 환율 하락세 ... 향후 경제 영향은?

問題
1
○○○

문 : 글로벌 경제의 불확실성으로 인해 원이 오를 것으로 보인다. は、上の新聞記事の見出しをよく表わしています。

問題
2
○○○

문 : 미국의 영향으로 달러가 하락하면서 경제에도 영향을 미칠 것으로 보인다. は、上の新聞記事の見出しをよく表わしています。

問題
3
○○○

문 : 글로벌 경제의 변동에 따라 달러도 하락세를 보이고 있다. は、上の新聞記事の見出しをよく表わしています。

問題
4
○○○

문 : 글로벌 경제의 환율 변화로 국내 경제도 영향을 받을 것으로 보인다. は、上の新聞記事の見出しをよく表わしています。

영·유아 때 항생제 많이, 오래 쓸수록 소아 비만 위험성 높아

問題
5
○○○

문 : 항생제는 투입량이나 기간 등에 세심하게 주의를 기울여야 한다. は、上の新聞記事の見出しをよく表わしています。

問題
6
○○○

문 : 영·유아 때의 항생제 투여로 소아 비만이 유발될 수 있다. は、上の新聞記事の見出しをよく表わしています。

問題
7
○○○

문 : 영·유아 때 항생제를 투여하면 소아 비만에 걸리게 된다. は、上の新聞記事の見出しをよく表わしています。

問題
8
○○○

문 : 소아 비만은 항생제 투입량과 투입 기간의 미스로 인해 일어난다. は、上の新聞記事の見出しをよく表わしています。

グローバル変動性にウォン・ドル為替下落傾向 … 今後の経済への影響は？		
1	○	【訳】問：グローバル経済の不確実性によりウォンが上がるものと思われる。 …………………………………………………… 換率 하락세と言っているので、ウォンは高くなります。○です。
2	✕	【訳】問：アメリカの影響でドルが下落し経済にも影響を及ぼすものと思われる。 …………………………………………………… 미국의 영향とは言っていません。✕になります。
3	○	【訳】問：グローバル経済の変動によりドルも下落傾向を見せている。 …………………………………………………… 見出しをほぼそのまま説明しているので、○になります。
4	○	【訳】問：グローバル経済の為替の変化により国内の経済も影響を受けるものと思われる。 …………………………………………………… 향후 경제 영향은? で見出しは終わりますが、それは影響があるという意味になります。○です。
ゼロ歳・乳児期の抗生剤、多く、長く使うほど小児肥満の危険性高く		
5	✕	【訳】問：抗生剤は投与量や期間などに細心の注意を払わなければならない。 …………………………………………………… 一般的には言えることですが、見出しから類推すると、飛躍し過ぎです。✕になります。
6	○	【訳】問：ゼロ歳・乳児期の抗生剤投与により小児肥満が誘発されることがある。 …………………………………………………… 소아 비만 위험성 높아と言っているので、小児肥満が誘発されることもあります。○です。
7	✕	【訳】問：ゼロ歳・乳児期に抗生剤を投与すると小児肥満になる。 …………………………………………………… 小児肥満にかかるようになると断言はしていません。✕です。
8	✕	【訳】問：小児肥満は抗生剤の投与量や投与期間のミスによって起こる。 …………………………………………………… 小児肥満の原因が、抗生剤だけにあるわけではありませんので、✕です。

※次の新聞記事の見出しを見て、設問に○か×で答えなさい。

비대면 소비 늘자 재활용 쓰레기 홍수 ... 분리배출 필수

問題 1	문 : 온라인 주문량이 늘어 재활용 폐기물이 급증하고 있다. は、上の新聞記事の見出しをよく表わしています。
問題 2	문 : 가정의 플라스틱, 비닐 배출량이 무섭게 늘어나고 있다. は、上の新聞記事の見出しをよく表わしています。
問題 3	문 : 음식물 분리배출을 안 하는 사람들이 늘고 있다. は、上の新聞記事の見出しをよく表わしています。
問題 4	문 : 일회용품의 증가로 쓰레기양이 대폭 늘고 있다. は、上の新聞記事の見出しをよく表わしています。

1년에 고도 비만 2500명이 위 절제 ... 건강 보험 적용 후 급증

問題 5	문 : 보험 혜택을 받아 수술로 비만을 해결하는 사람이 크게 늘었다. は、上の新聞記事の見出しをよく表わしています。
問題 6	문 : 위를 잘라 내 크기를 줄이는 수술도 보험 대상이 된다. は、上の新聞記事の見出しをよく表わしています。
問題 7	문 : 건강 보험 적용을 받는 비만 환자가 1년에 2500 명 있다. は、上の新聞記事の見出しをよく表わしています。
問題 8	문 : 고도 비만 환자들을 위한 건강 보험이 새로 생겼 다. は、上の新聞記事の見出しをよく表わしています。

非対面消費が増えリサイクルごみの洪水…分別廃棄が必須

1 ○
【訳】問：オンラインの注文量が増えリサイクル廃棄物が急増している。
온라인 주문이 비대면 소비의 1つの形です。○です。

2 ✕
【訳】問：家庭のプラスチック、ビニールの廃棄量が驚くほど増えている。
재활용 쓰레기는、플라스틱や비닐だけではありません。✕です。

3 ✕
【訳】問：食物を分別廃棄しない人が増えている。
생ごみの分離排出をしない人がいることも事実かもしれませんが、見出しで言いたいこととは違います。

4 ○
【訳】問：使い捨て用品の増加によりごみの量が大幅に増えている。
일회용품の中に、リサイクルに回さなければいけないものが含まれますから、○です。

一年に高度肥満2500人が胃を切除…健康保険適用後、急増

5 ○
【訳】問：保険の恩恵を受け手術で肥満を解決する人がたくさん増えた。
건강 보험 적용 후と言っている見出しと一致します。○です。

6 ○
【訳】問：胃を切り取って大きさを縮める手術も保険の対象となる。
ここで言っている위 절제は、胃の一部を切って小さくする手術のことなので、○になります。

7 ✕
【訳】問：健康保険適用を受ける肥満患者が1年に2500人いる。
高度肥満2500人が胃を切除したと言っているのであって、肥満患者の数を言っているわけではありません。

8 ✕
【訳】問：高度肥満患者のための健康保険が新たにできた。
새로 생겼다は、違います。

■ 읽기⑦ 長文内容一致問題 [32〜34] 対応問題

学習の ポイント

　このパターンからは、計3問出題されます。文章を読んでその内容と同じものを選択肢の中から選ぶ問題です。解き方ですが、本文を最初から最後までしっかり読むやり方はあまり賛成できません。①選択肢を読んで、そこに書いてある単語や表現と同じものを本文から探しだす。②見つかったら選択肢の内容と本文の内容とを照合する。③照合してもはっきりしない場合には見つかった個所の前後の文も一緒に読んでみる、という手順で、効率的に解きたいです。判断がつかなかったら慌てずに次の選択肢に行くことです。

✎実際の問題形式

※다음을 읽고 내용이 같은 것을 고르십시오. 　각 2점

32.

　　스트라디바리우스는 바이올리니스트라면 누구나 다 가지고 싶어 하는 명기이다. 스트라디바리우스는 17세기에서 18세기에 걸쳐 이탈리아의 스트라디바리 일가가 만든 바이올린을 가리키는데 그중에서도 안토니오 스트라디바리가 만든 바이올린이 제일 유명하다. 그는 생애에 걸쳐 약 1,000여 대의 현악기를 제작했다고 하는데 현재 약 600개 정도가 남아 있다. 그런데 도대체 왜 현대의 첨단 기술이 300년 전의 수제 바이올린의 음색을 따라가지 못하는 것일까?

---

　① 첨단 기술로 만든 것이 스트라디바리우스보다 낫다.
　❷ 스트라디바리가 만든 바이올린은 음색이 뛰어나다.
　③ 스트라디바리우스를 원하지 않는 바이올리니스트도 있다.
　④ 지금의 스트라디바리우스는 현대에 와서 제작한 것이다.

※次を読んで内容が同じものを選んで下さい。

32. 各2点

> ストラディバリウスはバイオリニストなら誰しもがほしがる名器だ。ストラディバリウス
> は17世紀から18世にかけてイタリアのストラディバリー家が作ったバイオリンを指すが、
> その中でもアントニオ・ストラディバリが作ったバイオリンが最も有名。彼は生涯かけ
> て約1,000台の弦楽器を制作したと言われているが、現在は約600台くらいが残っている。
> しかし一体なぜ現代の先端技術が300年前の手製バイオリンの音色に勝てないのだろうか。

① 先端技術で作ったものがストラディバリウスよりいい。
❷ ストラディバリが作ったバイオリンは音色が素晴らしい。
③ ストラディバリウスをほしがらないバイオリニストもいる。
④ 今のストラディバリウスは現代に入って制作したものである。

1 解法のポイント

　前ページの例題を見てみましょう。まずは選択肢に書いてある単語
や表現と同じ個所を本文から見つけることです。選択肢①と似ている
内容は本文の最後の文に出てきます。それには現代の先端技術が昔の
手製バイオリンの音色に追いつかないと書いてありますので、選択肢
①は間違いになります。同じように選択肢の内容と本文の内容とを照
合していくと②が正解になります。

2 最近の出題傾向

　このブロックから、多種多様な文章を読み、その内容把握をする問題が
最後まで続きます。韓国の人たちが日常生活の中で目にする可能性のあ
る様々な分野のものを問題として作り、読解能力を計るのです。韓国語
の能力を計る、最も高難易度のものと言えます。多種多様な文章ですか
ら、中には専門的な知識を紹介するものや、場合によっては、母国語で書
かれていてもよく分からないような科学知識や制度、商品説明などが問
題として使われることもあるため、書かれている内容を完璧に理解する
ことは不可能なことが多いです。第64回問題では、蝶研究の第1人者の
話と蝶の説明、貯蓄の方式や商品説明、朝鮮王朝時代の絵画に対する説
明などが問題として使われました。蝶の話は、私も初めてで、朝鮮王朝時
代の絵に関する話も聞いたことがない内容でした。

※文章を読んで、設問に○か×で答えなさい。

　　디즈니 고전 애니메이션 백설 공주의 실제 모델인 미국 여배우, 마지 챔피언이 향년 101세로 숨을 거뒀다. 챔피언의 부친은 원래 할리우드의 유명 안무가였는데 디즈니 창업자인 월트 디즈니와 친분을 맺었고 챔피언은 이 인연으로 백설 공주와 일곱 난쟁이에 나오는 백설 공주의 모델이 되었다. 제작진은 챔피언의 외모를 바탕으로 백설 공주 캐릭터를 그렸고 백설 공주의 움직임도 그녀를 보면서 만들었다.

問題
1
○○○

문 : 마지 챔피언은 백설 공주의 실제 모델이 되었다.
　　は、文章の内容と一致しています。

問題
2
○○○

문 : 마지 챔피언은 백설 공주의 안무를 담당하였다.
　　は、文章の内容と一致しています。

問題
3
○○○

문 : 마지 챔피언은 디즈니의 눈에 들어 백설 공주가
　　되었다. は、文章の内容と一致しています。

問題
4
○○○

문 : 마지 챔피언은 백설 공주와 일곱 난쟁이의 제작자
　　였다. は、文章の内容と一致しています。

　ディズニーの古典アニメーション、白雪姫の実際のモデルであるアメリカの女優マージ・チャンピオンが享年101歳で息を引き取った。チャンピオンの父親はもともとハリウッドの有名な振付師だったが、ディズニーの創業者であるウォルト・ディズニーと親交があり、チャンピオンはその縁により、白雪姫と7人のこびとに出てくる白雪姫のモデルとなった。制作陣はチャンピオンの外見を基礎にして白雪姫のキャラクターを描き、白雪姫のしぐさも彼女を見ながら作り上げた。

| 1 | ○ | 【訳】問：マージ・チャンピオンは白雪姫の実際のモデルとなった。 |
| | | 챔피언은 백설 공주의 모델이 되었다고 本文に書いてあるので、○になります。 |

| 2 | ✕ | 【訳】問：マージ・チャンピオンは白雪姫の振り付けを担当した。 |
| | | 안무는、振り付けという意味です。챔피언은、振り付けはしていません。✕です。 |

| 3 | ✕ | 【訳】問：マージ・チャンピオンはディズニーの目にとまり白雪姫となった。 |
| | | ディズニーの創業者、월트 디즈니と交流があったのは、챔피언의 부친です。✕です。 |

| 4 | ✕ | 【訳】問：マージ・チャンピオンは白雪姫と7人のこびとの制作者だった。 |
| | | 마치 챔피언은、製作者ではありません。백설 공주의 모델になった人です。 |

※文章を読んで、設問に○か×で答えなさい。

네팔의 한 셰르파가 숨졌다. 은퇴한 뒤로는 당연히 그렇고 현역 시절에도 주목을 받지 못하는 입장이었던 그는 무려 28년간을 셰르파로 일하면서 히말라야 8,000미터급 고봉을 19번 모두 무산소로 등정했고 겨울 에베레스트를 유일하게 무산소로 올랐다. 세계 최고의 산악인이면서도 셰르파였기 때문에 늘 그늘에 있어야 했던 그는 죽음도 그렇게 맞이했다.

問題
1
○○○
문 : 그는 유일한 에베레스트 동계 무산소 등정 산악인이다. は、文章の内容と一致しています。

問題
2
○○○
문 : 최고의 산악인이며 성실한 한 셰르파가 조용히 세상을 떴다. は、文章の内容と一致しています。

問題
3
○○○
문 : 그는 동료 산악인들이 지켜보는 가운데 숨을 거뒀다. は、文章の内容と一致しています。

問題
4
○○○
문 : 이 셰르파는 수많은 히말라야 고봉을 무산소로 올랐다. は、文章の内容と一致しています。

解答・解説

　ネパールの、あるシェルパが息を引き取った。引退した後はもちろん現役時代にも注目されることのない立場だった彼は、実に28年もの間シェルパとして働きながら、ヒマラヤの8,000メートル級の高峰を19回全て無酸素で登頂し、冬のエベレストにも唯一、無酸素で登った。世界最高の山岳人でありながらも、シェルパだったがために常に日陰者であった彼は、死に方さえも同じだった。

1 ○

【訳】問：彼は唯一のエベレスト冬季無酸素登頂山岳人である。

겨울 에베레스트를 유일하게 무산소로 올랐다고 써 있으므로, ○가 정답입니다.

2 ○

【訳】問：最高の山岳人であり誠実な1人のシェルパが静かにこの世を去った。

세계 최고의 산악인이면서 그늘에 있어야 했던 것을 말하고 있습니다. 그 내용과 일치한다고 봐도 좋겠지요.

3 ✕

【訳】問：彼は同僚の山岳人たちが見守る中で息を引き取った。

늘 그늘에 있어야 했던 그는 죽음도 그렇게 맞이했다고 써 있는 내용과 맞지 않습니다. ✕입니다.

4 ○

【訳】問：このシェルパは数多くのヒマラヤの高峰に無酸素で登った。

19번 모두 무산소로 등정했다고 써 있습니다. ○입니다.

214

※文章を読んで、設問に○か×で答えなさい。

착한 패션 트렌드를 선도하기 위한 명품 브랜드들의 노력이 대단하다. 매출을 위한 것 아니냐는 삐딱한 시선도 있으나 지속 가능성을 추구하지 않으면 패션 산업 자체가 붕괴될 수도 있다는 위기감은 결코 가식이 아니다. 실제로 패션 산업은 석유 산업 다음으로 환경을 파괴시키는 분야이기 때문이다. 플라스틱이 패션 업계에서 영구 퇴출되는 것도 그리 머지않은 듯싶다.

問題 1
○○○

문 : 패션 업계에서는 지속 가능성이 별로 중시되지 않는다. は、文章の内容と一致しています。

問題 2
○○○

문 : 패션 업계가 친환경 소비 움직임에 매우 적극적이다. は、文章の内容と一致しています。

問題 3
○○○

문 : 패션 업계는 환경 파괴와 결코 무관하지 않다. は、文章の内容と一致しています。

問題 4
○○○

문 : 패션 업계가 착한 패션 트렌드로 매출 신장을 노린다. は、文章の内容と一致しています。

解答・解説

　善いファッショントレンドをリードするためのブランドメーカの努力がすごい。売り上げのためなのではないかというひねくれた見方もあるが、持続可能性を追求しなければ、ファッション産業そのものが崩壊しかねないという危機感は決して見せかけではない。実際にファッション業界は、石油産業の次に環境を破壊する分野だからだ。プラスチックがファッション業界から永久追放になる日も、そう遠くはなさそうだ。

1　×

【訳】問：ファッション業界では持続可能性があまり重視されない。

지속 가능성을 추구하지 않으면 붕괴될 수도 있다는 위기감과一致しません。×です。

2　○

【訳】問：ファッション業界は環境親和的消費の動きに対し、とても積極的だ。

노력이 대단하다と言っているから、매우 적극적이다と言えます。○です。

3　○

【訳】問：ファッション業界は環境破壊と決して無関係ではない。

환경을 파괴시키는 분야と一致する内容なので、○が正解です。

4　×

【訳】問：ファッション業界が善いファッショントレンドの売上を伸ばそうと狙っている。

매출을 위한 것 아니냐는 삐딱한 시선도 있으나と内容的に一致しないので、×が正解です。

※文章を読んで、設問に○か×で答えなさい。

춘천 막국수 닭갈비 축제가 올해 처음으로 비대면 형태로 열리고 있다. 현재 유튜브 채널, 춘천 막국수 닭갈비 축제 TV를 통해 방송 중인데 주말에는 닭갈비를 저렴하게 살 수 있는 온라인 라이브 커머스도 진행될 예정이다. 닭갈비는 선착순 500인분으로 한정 판매를 실시할 계획인데 구매를 원하는 사람은 온라인 판매 허가를 받은 매장에서 구입할 수 있으며 원하는 개수를 미리 축제 홈페이지 지정 게시판에 신청하여야 한다.

問題 1
○○○
문 : 막국수 닭갈비 축제가 온라인으로 개최되고 있다.
　　は、文章の内容と一致しています。

問題 2
○○○
문 : 주말에는 닭갈비를 제공하는 이벤트가 열릴 예정이다. は、文章の内容と一致しています。

問題 3
○○○
문 : 막국수는 무료로 500인분이 제공된다.
　　は、文章の内容と一致しています。

問題 4
○○○
문 : 닭갈비를 사고 싶은 사람은 바로 구입할 수 있다.
　　は、文章の内容と一致しています。

春川マッククス・タッカルビ祭が今年初めて非対面形式で開かれている。現在YouTubeチャンネル、春川マッククス・タッカルビ祭テレビで放送中なのだが、週末にはタッカルビを安く買えるオンラインライブコマースも行われる予定だ。タッカルビは先着500人分の限定販売を実施する計画だが、購入を希望する人は、オンライン販売許可を受けた売り場で購入することができ、希望の個数をあらかじめ祭のホームページに指定された掲示板に申請しなければならない。

1　〇

【訳】問：マッククス・タッカルビ祭がオンラインで開催されている。

유튜브 채널에서 방송 중이라고 말하고 있으므로, 온라인이 됩니다. 〇가 정답입니다.

2　✕

【訳】問：週末にはタッカルビを提供するイベントが開かれる予定だ。

닭갈비를 저렴하게 살 수 있는 라이브 커머스라고 말하고 있습니다. 제공하는 이벤트는 아닙니다.

3　✕

【訳】問：マッククスは無料で500人分が提供される。

선착순 500인분 한정 판매라고 말하고 있는 것과 내용적으로 맞지 않습니다. ✕가 정답입니다.

4　✕

【訳】問：タッカルビを買いたい人は、すぐに購入することができる。

바로 구입할 수 있다는, 다릅니다. 미리 신청하여야 한다고 말하고 있는 내용과 모순합니다.

※文章を読んで、設問に○か×で答えなさい。

> 소셜 커머스 업체가 신선 식품 품질 보장 프로그램을 시작한다. 신선 식품을 구입한 소비자가 만족을 하지 못하면 100% 환불을 해 주는 제도이다. 반품할 때 들어가는 배송 비용도 업체가 부담한다. 그렇게 하는 이유는 간단하다. 질 좋은 제품을 싸게 판매하는 기업 정신을 지키기 위함이다. 그리고 그러한 기업 정신 때문에 이제껏 성장을 해 온 성공 신화를 소중하게 간직하기 위함이다.

問題
1
○○○

문 : 소비자 만족을 위한 것이라면 무엇이든 한다.
は、文章の内容と一致しています。

問題
2
○○○

문 : 신선 식품은 신선이 생명이기 때문에 반품을 받는
다. は、文章の内容と一致しています。

問題
3
○○○

문 : 고객 만족의 기업 정신을 소중하게 생각한다.
は、文章の内容と一致しています。

問題
4
○○○

문 : 고품질의 제품을 싸게 판매하는 것이 성공의 비결
이다. は、文章の内容と一致しています。

解答・解説

> ソーシャルコマース会社が、生鮮食品の品質保証プログラムを開始する。生鮮食品を購入した消費者が満足しなければ、100％払い戻しをしてくれる制度である。返品する時にかかる配送費用も会社が負担する。そのようにする理由は簡単だ。質の良い製品を安く販売する企業精神を守るためである。そして、そのような企業精神によってここまで成長してきたという成功神話を大切にするためである。

1 ✕

【訳】問：消費者の満足のためなら何でもする。

무엇이든 한다는, 語弊があります。〇になりません。

2 〇

【訳】問：生鮮食品は鮮度が命なので、返品を受けつける。

신선 식품을 구입한 소비자가 만족을 하지 못하면 는, 클레임のことを指します。〇が正解です。

3 〇

【訳】問：顧客満足という企業精神を大切にしている。

성공 신화를 소중하게 간직하기 위함이다と言っていることと内容的に一致します。〇です。

4 〇

【訳】問：高品質の製品を安く売ることが、成功の秘訣である。

질 좋은 제품을 싸게 판매하는と言っています。〇が正解です。

■ 읽기⑧ 主題を選ぶ問題 [35～38] 対応問題

このパターンからは、計3問出題されます。問題文を読んでその文章のテーマが何かを選択肢から選ぶ問題です。全体をまとめるテーマを選ぶ問題ですから、文章全体をしっかり読む必要があります。読んでいくうちにこういうテーマかなというものが頭に浮かんでくるかどうかがポイントとなります。読み終わったら自分の考えていたテーマと一致するものを選択肢から選びます。

✎ 実際の問題形式

※ 다음 글의 주제로 가장 알맞은 것을 고르십시오. 각 2점

35.

> 데이터나 각종 통계 자료 등을 자신의 주장의 근거로 삼는 경우가 있다. 그런데 정부가 발표하는 각종 통계 자료라면 그래도 믿을 만하지만 개인이 연구목적으로 수집하는 각종 데이터의 경우 어디까지 신뢰를 할 수 있는가가 문제가 되는 경우가 많다. 왜냐하면 자신이 제시하는 데이터가 신빙성이 있고 객관적인 것처럼 만들고 그것을 통해서 자신의 주장을 합리화하려는 케이스가 적지 않기 때문이다.

① 정부가 발표하는 통계 자료도 때때로 틀릴 경우가 있다.

❷ 데이터나 통계 자료를 자기 합리화의 도구로 쓰면 안 된다.

③ 연구 목적으로 쓰는 데이터는 신뢰성을 물을 필요가 없다.

④ 자신의 주장을 정당화하기 위한 데이터는 써도 된다.

※次の文のテーマとして最も適切なものを選んで下さい。

35.　各2点

> 　データや各種統計資料を自分の主張の根拠にすることがある。しかし政府が発表する各種統計資料ならまだ信頼に値することもあるが、個人が研究目的で集める各種データの場合、どこまで信頼を置けばいいのかが問題になることが多い。というのも、自分の提示するデータがあたかも信憑性と客観性を持っているかのように見せかけ、それを通して自分の主張を合理化しようとするケースが少なくないからである。

① 政府が発表するデータや統計資料も時々間違える時がある。
❷ データや統計資料を自己合理化の道具として使ってはならない。
③ 研究目的で使うデータは信頼性を問う必要がない。
④ 自分の主張を正当化するためのデータは使ってもよい。

1 解法のポイント

　前ページの例題を見てみましょう。「データを勝手に弄るのはよくない」というのが最も言いたいことなので②が正解になります。

2 最近の出題傾向

　このブロックで出題される問題は、新聞の見出しから記事内容を類推する問題とは逆で、文章の内容を読み、その文章の言おうとしていることを1つの文にまとめる力を問う形を取っています。新聞の見出しを見て内容の外観を把握する能力も、書いてある文章を読み、その文章の趣旨を1文にまとめていく能力も、両方日常の言語生活においては欠かせない能力です。第64回からは、赤ちゃんの知覚能力の発達のことや木に寄生し成長していくキノコの話、飲酒運転者に対する処罰強化法律の発議などが問題内容として使われました。

※文章を読んで、設問に○か×で答えなさい。

　　국내의 노트북과 데스크톱의 판매량이 작년 동기 대비 50% 정도 상승했다고 한다. 그런데 이는 한국에만 국한된 이야기가 아니고 세계적인 추세이다. 이렇게 컴퓨터가 증가함에 따라 클라우드 시대가 본격화되면서 예기치 못하는 현상이 발생한다. 바로 온실가스 방출의 대폭 증가이다. 네이처에 실린 기후변화에 관한 논문에 의하면 현재 데이터 센터의 전기 사용량은 1% 정도이지만 2030년에는 그 비율이 최고 30% 정도까지 올라간다고 한다.

問題 1
문 : 디지털 기기 사용을 늘리면 온실가스를 줄일 수 있다. は、上の文章の主題として相応しい。

問題 2
문 : 온실가스 배출은 정보 통신 시대에도 화제가 된다. は、上の文章の主題として相応しい。

問題 3
문 : 클라우드의 효율적 활용으로 온실가스를 억제한다. は、上の文章の主題として相応しい。

問題 4
문 : 데이터 센터의 에너지원은 그린 에너지이어야 한다. は、上の文章の主題として相応しい。

国内のノートブックとデスクトップの販売量が昨年の同期に比べ50%ほど上昇したという。しかしこれは韓国だけに限ったことではなく、世界的な傾向だ。このようにコンピューターが増加するにつれクラウド時代が本格化する中で、予想だにしない現象が発生する。それが温室ガス放出の大幅な増加だ。「ネイチャー」誌に載った気候変動に関する論文によると、現在のデータセンターの電気使用量は1%ほどだが、2030年にはその比率が最高30%くらいにまで上がるという。

1　✕

【訳】問：デジタル機器の使用を増やすと温室ガスを減らすことができる。

データセンターの電気使用量が2030年になると30%まで跳ね上がるという話が書いてあるので、✕です。

2　◯

【訳】問：温室ガスの排出は情報通信時代にも話題になる。

クラウド時代の本格化とともに温室ガスの大幅増加現象が起きると言っているので、◯です。

3　✕

【訳】問：クラウドの効率的な活用によって温室ガスを抑制する。

クラウド時代の本格化により温室ガスが増えると言っているので、✕が正解です。

4　✕

【訳】問：データセンターのエネルギー源は、クリーンエネルギーでなければならない。

データセンターエネルギー源の話は出ていません。✕です。

※文章を読んで、設問に○か×で答えなさい。

귤은 맛도 좋지만 건강 수명을 유지해 주는 영양 성분이 풍부한 과일이다. 우선 항산화 효과로 피부 미용에 도움을 주며 또 신진대사를 원활하게 해 겨울철 감기 예방에도 도움을 준다. 귤에는 사과의 20배에 달하는 비타민C가 함유되어 있는데 이 비타민C가 항산화 효과를 발휘하는 것이다. 또 비타민 C에는 칼슘이나 철분 등의 영양소의 흡수율을 2배 정도 증가시키는 효능도 있다.

問題
1
○ ○ ○

문 : 귤에는 대량의 비타민C가 포함되어 있다.
　　は、上の文章の主題として相応しい。

問題
2
○ ○ ○

문 : 귤에 들어 있는 비타민C가 사람 몸에 좋은 작용을 한다. は、上の文章の主題として相応しい。

問題
3
○ ○ ○

문 : 귤에는 각종 영양 성분이 풍부하게 들어 있다.
　　は、上の文章の主題として相応しい。

問題
4
○ ○ ○

문 : 귤을 많이 먹으면 피부가 좋아진다.
　　は、上の文章の主題として相応しい。

みかんは味も良いが、健康寿命を維持する栄養成分が豊富な果物だ。ま
ず、抗酸化効果により肌の美容を助け、また新陳代謝を円滑にすることで
冬の風邪予防にも役立つ。みかんにはりんごの20倍にのぼるビタミンC
が含まれているが、このビタミンCが抗酸化効果を発揮するのである。ま
たビタミンCには、カルシウムや鉄分などの栄養素の吸収率を2倍程度
増加させる効能もある。

---

1 ✕

【訳】問：みかんには大量のビタミンCが含まれている。

本文の内容と一致はしますが、主題かといったら、そうで
はありません。✕です。

---

2 ✕

【訳】問：みかんに含まれるビタミンCが人の体に良い作用
をする。

本文の内容と一致はしますが、主題かと言ったら、そうで
はありません。✕です。

---

3 ○

【訳】問：みかんには各種栄養成分が豊富に含まれている。

귤은 영양 성분이 풍부한 과일이다가 冒頭で言っていま
すが、これが主題として相応しいです。

---

4 ✕

【訳】問：みかんをたくさん食べると肌がきれいになる。

本文の内容と一致はしますが、主題かといったら、そうで
はありません。✕です。

※文章を読んで、設問に○か×で答えなさい。

미국의 인터넷 매체 비지니스 인사이더가 아침 식사 때 먹으면 좋은 음식들을 소개했다. 첫 번째는 커피이다. 커피는 정신을 맑게 하고 집중력을 높여 준다. 두 번째는 달걀이다. 특히 노른자위는 눈에 좋은 루테인을 많이 함유하고 있다. 세 번째는 땅콩버터이다. 땅콩버터는 혈당 수치를 조절하는 데 도움이 되는 단백질이 많이 함유되어 있기 때문에 건강에 좋다. 네 번째는 바나나, 오렌지, 베리류 등의 과일이고 다섯 번째는 요구르트이다.

問題
1
○○○

문 : 좋은 건강을 유지하려면 올바른 음식 섭취를 해야 한다. 는、上の文章の主題として相応しい。

問題
2
○○○

문 : 아침 식사는 음식을 골고루 먹는 것이 좋다. 는、上の文章の主題として相応しい。

問題
3
○○○

문 : 아침 식사는 조금만 먹어야 체중 증가를 막을 수 있다. 는、上の文章の主題として相応しい。

問題
4
○○○

문 : 아침 식사를 하지 않으면 건강에 별로 좋지 않다. 는、上の文章の主題として相応しい。

アメリカのインターネット媒体ビジネスインサイダーが、朝食時に摂ると良い食べ物を紹介した。1番目はコーヒーだ。コーヒーは頭をすっきりさせ、集中力を高めてくれる。2番目は卵だ。とくに黄身は目に良いルテインを多く含んでいる。3番目はピーナッツバターだ。ピーナッツバターは血糖値を調節するのに役立つタンパク質が多く含まれているため、健康に良い。4番目はバナナ、オレンジ、ベリー類などの果物で、5番目はヨーグルトである。

| 1 | ✕ | 【訳】問：健康を維持するためには正しい食べ物の摂取の仕方をしなければならない。
正論ですが、本文で言っているのは、아침 식사 때 먹으면 좋은 음식です。✕です。 |

| 2 | ✕ | 【訳】問：朝食は食べ物をまんべんなく食べるのが良い。
問題文は、아침 식사 때 먹으면 좋은 음식들을 소개しています。✕です。 |

| 3 | ✕ | 【訳】問：朝食は少しだけ食べることで体重の増加を抑えることができる。
체중 증가については、どこにも触れられていません。✕です。 |

| 4 | ✕ | 【訳】問：朝食を摂らないと健康にあまり良くない。
正論ですが、本文では、特にこの話には、触れられていません。✕です。 |

※文章を読んで、設問に○か×で答えなさい。

식약처에서 권고하는 성인 단백질 섭취 하루 권장량은 55g이다. 그러나 이 수치는 잘 챙겨 먹었을 때의 숫자이기 때문에 실제로는 단백질 부족 상태를 빚는 경우가 많다. 그것을 해결하는 요거트 한 컵에 고품질 단백질이 담긴 신제품이 나왔다. 간식으로도 간편하게 먹을 수 있는 이 요거트에는 단백질이 8g 담겨 있다. 단백질뿐만 아니라 칼슘까지 포함되어 있어서 운동 전후에 단백질을 보충하려는 사람에게 추천할 만하다.

問題
1
○○○

문 : 단백질은 하루에 55g 이상 섭취하는 것이 바람직하다. 는、上の文章の主題として相応しい。

問題
2
○○○

문 : 단백질 부족을 빚게 되면 운동 시 쉬 피로를 느낀다. 는、上の文章の主題として相応しい。

問題
3
○○○

문 : 손쉽게 단백질을 섭취할 수 있는 요거트가 출시됐다. 는、上の文章の主題として相応しい。

問題
4
○○○

문 : 요거트는 간식으로 간편하게 먹을 수 있는 것이 좋다. 는、上の文章の主題として相応しい。

韓国の「食品薬品安全処」が勧める成人のタンパク質摂取の1日の推奨量は55gである。しかしこの数値は、しっかりよく食べた時の数字なので、実際にはタンパク質不足の状態になることが多い。それを解決してくれる、ヨーグルト1カップに高品質タンパク質が含まれた新製品が発売された。おやつとしても手軽に食べられるこのヨーグルトには、タンパク質が8g含まれている。タンパク質だけでなくカルシウムまで含まれているので、スポーツの前後にタンパク質を補充したい人におすすめである。

1	✕	【訳】問：タンパク質は1日に55g以上摂取するのが望ましい。
		本文に書かれている内容ではありますが、主題かといったら、そうではありません。✕です。

2	✕	【訳】問：タンパク質不足になると、運動時すぐに疲労を感じる。
		不足しているたんぱく質を簡便に摂取できる食品が発売されたというのが話のポイントなので、✕です。

3	◯	【訳】問：手軽にタンパク質を摂取できるヨーグルトが発売された。
		これが主題として最も適切なものです。◯です。

4	✕	【訳】問：ヨーグルトはおやつとして手軽に食べられるのが良い。
		ヨーグルトの食べ方を紹介しているのではありません。✕が正解です。

※文章を読んで、設問に○か×で答えなさい。

> 과학을 공부하는 목적은 지식을 넓히려는 데 있는 게 아니다. 과학은 합리와 이성, 논리를 추구하는 학문이기 때문에 과학적 사고를 훈련하면 이성적이고 논리적으로 생각하는 법을 배울 수 있게 된다. 아이가 자라 과학을 할 수 있게 되면 눈앞에서 일어나는 일에 대해 객관적으로 관찰하고 이성적으로 생각하며 논리적으로 가설을 세워 합리적으로 판단할 수 있는 능력을 갖추게 된다.

問題 1 ○○○
문 : 과학은 사람을 합리와 논리, 이성의 존재로 만든다. は、上の文章の主題として相応しい。

問題 2 ○○○
문 : 논리적으로 생각하려면 과학적 사고를 훈련해야 한다. は、上の文章の主題として相応しい。

問題 3 ○○○
문 : 아이에게 과학을 할 수 있는 능력을 갖추게 해야 한다. は、上の文章の主題として相応しい。

問題 4 ○○○
문 : 어떤 일을 객관적으로 관찰할 수 있는 것은 과학의 힘이다. は、上の文章の主題として相応しい。

解答・解説

> 科学を勉強する目的は、知識を広めることにあるのではない。科学は合理性と理性、論理性を追求する学問なので、科学的思考を鍛え、理性的かつ論理的に考える方法を学ぶことができるようになる。子どもが成長し科学ができるようになると、目の前で起きる事柄に対して客観的に観察し、理性的に考え、論理的に仮説を立てて合理的に判断することのできる能力を備えるようになる。

1	○	【訳】問：科学は、人を合理と論理、理性の存在にする。 科学の目的について冒頭に触れているので、それに近いこの文が主題として相応しいです。
2	✕	【訳】問：論理的に考えるには、科学的な思考を鍛えなければならない。 確かにその通りですが、논리적으로 생각하기が本文のテーマではありません。✕が正解です。
3	✕	【訳】問：子どもに科学ができる能力を備えさせなければならない。 確かにその通りですが、子どもに科学が出来る能力を備えさせることが主題ではありません。✕です。
4	✕	【訳】問：ある事柄を客観的に観察できるのは、科学の力だ。 確かにその通りですが、과학의 힘を論じているのではありません。✕が正解です。

※文章を読んで、設問に○か×で答えなさい。

하루에 30분 이상 걷기, 에어로빅, 하이킹 등 중강도, 고강도의 신체 활동을 꾸준히 하면 골절 위험이 크게 감소한다고 한다. 꾸준히 운동을 하게 되면 그만큼 신체의 활동성이 증가하고 골절을 유발하는 상황을 모면할 수 있는 근육도 발달되기 때문에 당연한 이야기라고 할 수 있다. 그러니까 골절의 위험성이 감소되는 것은 활동의 강도의 문제라기보다 몸 전체를 밸런스 있게 움직임으로써 얻어지는 결과라 할 수 있다.

問題 **1**
○○○

문 : 몸을 움직이는 것이 습관화되면 골절 위험성도 줄어든다. は、上の文章の主題として相応しい。

問題 **2**
○○○

문 : 신체 활동을 하려면 중강도나 고강도로 하는 것이 바람직하다. は、上の文章の主題として相応しい。

問題 **3**
○○○

문 : 신체 활동을 할 때는 몸 전체를 균형 있게 움직이는 것이 좋다. は、上の文章の主題として相応しい。

問題 **4**
○○○

문 : 골절 위험이 감소하는 것은 신체 활동성 증가의 영향이다. は、上の文章の主題として相応しい。

　1日に30分以上ウォーキング、エアロビクス、ハイキングなど中強度、高強度の身体活動を持続的に行えば、骨折の危険が大きく減少するという。持続的に運動をすると、その分だけ身体の活動性が増加し、骨折を誘発する状況を回避することができる筋肉も発達するので、当然のことと言える。そのため、骨折の危険性が減少するのは、活動の強度の問題というより体全体をバランスよく動かすことで得られる結果だと言える。

1	✕	【訳】問：体を動かすことが習慣化すれば、骨折の危険性も減っていく。
		本文の内容と一致はしますが、主題かといったら、そうではありません。✕が正解です。

2	✕	【訳】問：身体活動をするなら中強度または高強度で行うのが望ましい。
		運動をする時の強度の話が主ではありません。✕が正解です。

3	✕	【訳】問：身体活動をする時は体全体をバランスよく動かすのが良い。
		最も主題に近いですが、骨折の危険性に触れられていないので、主題として物足りないです。

4	◯	【訳】問：骨折の危険性が減少するのは身体の活動性増加の影響である。
		これが主題として相応しい内容です。強度の問題ではなく活動性の増加がポイントだと言っているからです。

※文章を読んで、設問に○か×で答えなさい。

팬데믹으로 인해 매년 증가 일로에 있던 온실가스 배출량이 전 세계적으로 줄어들었다. 평소 눈에 덮인 에베레스트를 전혀 볼 수 없었던 인도 북부에서 30여 년 만에 육안으로 설산을 볼 수 있게 된 것도 팬데믹의 아이러니컬한 영향이다. 팬데믹은 우리 인류에게 파국의 길도 보여 주지만 동시에 그 길을 어떻게 벗어날 수 있는가에 대한 해법도 보여 주고 있다. 남은 것은 그 교훈을 어떻게 살릴 것인가이다.

問題
1
○○○

문 : 팬데믹의 공과 화를 지혜롭게 잘 해석해야 한다. は、上の文章の主題として相応しい。

問題
2
○○○

문 : 온실가스 배출량이 줄어든 것은 다행스러운 일이다. は、上の文章の主題として相応しい。

問題
3
○○○

문 : 설산의 위용을 볼 수 있게 된 것은 팬데믹 덕분이다. は、上の文章の主題として相応しい。

問題
4
○○○

문 : 팬데믹은 우리에게 무엇이 파국인가를 암시하고 있다. は、上の文章の主題として相応しい。

解答・解説

　パンデミックにより毎年増加の一途だった温室ガス排出量が、世界的に減っている。普段、雪に覆われたエベレストをまったく見ることのできなかったインド北部で、30年ぶりに肉眼で雪山を見ることができたのも、パンデミックの皮肉な影響である。パンデミックはわが人類にとって破局の道も示しているが、同時にその道からどのように脱することができるかについての解決法も示している。あとは、その教訓をどう生かすかなのである。

1 ◯
【訳】問：パンデミックの功と禍を智恵深く解析しなければならない。
パンデミックの表裏のことを本文は語っているので、これが主題として最も適切なものとなります。

2 ✕
【訳】問：温室ガス排出量が減ったのは幸いなことだ。
確かにその通りですが、これが主題として適切かと言ったら、そうではありません。✕です。

3 ✕
【訳】問：雪山の威容を見れるようになったのはパンデミックのおかげだ。
本文の内容と一致はしますが、主題かといったら、そうとは言えません。✕が正解です。

4 ✕
【訳】問：パンデミックは私たちに、破局が何なのかを暗示している。
本文の内容と一致はしますが、主題かといったら、そうは言えません。✕が正解です。

※文章を読んで、設問に○か×で答えなさい。

> 위대한 개츠비에 나오는 개츠비는 '위대한'이라는 수식어가 도무지 어울리지 않는 사람이다. 한 여자로부터의 사랑을 얻기 위해 삶의 모든 것을 쏟고 결코 도덕적이지 않은 그녀를 지키기 위해 결국 목숨까지도 잃는 캐릭터이기 때문이다. 그렇다면 작자인 피츠제럴드는 왜 그러한 타이틀을 붙였을까? 그에 대한 대답은 개츠비를 읽는 우리의 몫이다.

問題 1
○○○

문 : '위대한'이라는 수식어는 개츠비에 어울리지 않는다. は、上の文章の主題として相応しい。

問題 2
○○○

문 : 피츠제럴드는 '위대한'의 해석을 독자에게 맡겼다. は、上の文章の主題として相応しい。

問題 3
○○○

문 : 때때로 소설가는 엉뚱한 제목을 붙이기도 한다. は、上の文章の主題として相応しい。

問題 4
○○○

문 : 우리는 소설이라는 필터를 통해 많은 것을 생각한다. は、上の文章の主題として相応しい。

　「偉大なギャッツビー」に出てくるギャッツビーは、偉大なという修飾語がおよそ似つかわしくない人物だ。1人の女性の愛を得るため人生のすべてを注ぎ込んで、決して道徳的でない彼女を守るために結局は命までも落としてしまうキャラクターだからだ。では作者のフィッツジェラルドはなぜ、そのようなタイトルをつけたのだろうか？　その答えは、ギャッツビーを読む私たちに託されている。

1　✕

【訳】問：「偉大な」という修飾語はギャッツビーに似つかわしくない。

この文を書いた人の意見として正しいですが、主題かといったら、そうは言えません。✕が正解です。

2　○

【訳】問：フィッツジェラルドは「偉大な」の解釈を読者に任せた。

그에 대한 대답은 위대한 개츠비를 읽는 우리의 몫이다と言っている内容と一致します。これが主題です。

3　✕

【訳】問：時々小説家はちんぷんかんぷんのタイトルをつけたりもする。

確かに小説家にそういう人もいますが、それが主題かと言ったら、そうは言えません。✕です。

4　✕

【訳】問：われわれは小説というフィルターを通して多くのことを考える。

確かにその通りですが、위대한の解釈は、それを読む読者の役と言っていることがポイントなので、✕です。

■ 읽기⑨ 短文を入れる位置問題 [39～41] 対応問題

学習の ポイント

この形式からは計3問出題されます。短文が提示され、その短文を問題文のどこに入れればいいのかを問う問題です。解き方ですが、まず例文をしっかり読み、その意味を把握しておいて下さい。それから問題文の㋠㋡㋢㋣のところに例文を入れて順に読んでいきます。例文を入れて読んだ時に流れが自然であればそれが正解です。本文を読んでいって㋠㋡㋢㋣の前後で話のつながりがおかしく感じられるところは不正解ということになります。

✎実際の問題形式

※다음 글에서 《보기》의 문장이 들어가기에 가장 알맞은 곳을 고르십시오. 각 2점

39.

여름철이 되면 심한 발 냄새 때문에 고민하는 사람이 있다. ㉠발에서 나는 냄새는 바로 발에 서식하는 세균이나 박테리아 등의 화학작용 때문이다. ㉡ 이런 지독한 발 냄새를 없애는 방법은 아주 간단하다. 발에 서식하는 균을 처치해 버리거나 균이 증식을 못 하는 환경을 만들어 주는 것이다. ㉢ 그래서 반드시 땀을 잘 흡수해 주는 면양말을 신고 여러 켤레의 신발을 번갈아 사용하며 실내에서는 슬리퍼로 갈아 신는 등의 노력을 하는 것이 좋다. ㉣

《보기》

이 균은 특히 땀이 날 때 활발히 증식되는데 땀이 많이 나는 여름철이 되면 당연히 더욱더 활발해질 수밖에 없다.

---

① ㉠   ② ㉡   ❸ ㉢   ④ ㉣

※次の文章で、《例》が入るのに最も適した場所を選んで下さい。

39.   各2点

　　夏になると足の臭さで悩む人がいる。⑦足から漂う臭いは足に生息する細菌やバクテリア等の化学作用のためである。ⓛこういう酷い足の臭いを消す方法はとても簡単だ。足に生息する菌を死滅させるか菌が増殖できない環境を作ってやるのである。ⓒそれで必ず汗をよく吸収してくれる綿の靴下を着用し、何足かの靴を代わる代わる履き、室内ではスリッパに履き替えるなどの努力をするのが望ましい。ⓔ

《例》

　この菌は特に汗をかく時に活発に増殖するのだが、汗をたくさんかく夏になると当然もっと活発になる。

①⑦　　　　　②ⓛ　　　　　❸ⓒ　　　　　④ⓔ

1 解法のポイント

　前ページの例題を見てみましょう。例文の冒頭は「이 균은」で始まっています。ということは、直前に菌のことに触れている文がなければいけないことになります。その条件を満たしているのは②と③ですが、もっと活発に増殖する菌を抑えるための対策を次の文で説明しているⓒの方がより適切な正解になります。

2 最近の出題傾向

　このブロックから出題される問題は、文の展開を読み込む力、論理力を計る内容になります。《例》の文をどこに入れると最も自然なのかを判断することは、文の展開を読み込む力がないと出来ないことだからです。最も高難易度の穴埋め問題と思えばいいと思います。第64回からは、昔の王冠に関する話、絶滅危機に瀕している動物保護に関わる話、若手小説家の作品を巡る話などが問題内容として使われました。読解能力を問う重要なツールの1つと言えるので、今後もこのタイプの問題は出題され続けると思います。

※文章を読んで、設問に○か×で答えなさい。

　　인류 역사상 처음으로 댐이 건설된 것은 고대 이집트이다. (A) 그러니까 상수도용이었다는 이야기인데 불행하게도 홍수 때에 대비한 방류까지 생각이 못 미쳤기 때문에 압력에 못 이겨 무너졌다고 한다. (B) 그 때문에 현재 이 댐은 잔해밖에 남아 있지 않다. (C) 한편 아시아에서는 기원전 240년경 황하 유역에 건설된 다코 댐이 최초로 알려져 있다. (D)

《보기》이 댐은 피라미드 건설에 동원된 작업자와 가축에게 물을 먹이기 위해 만들어졌다.

問題
1
○○○
문 :《보기》가 들어가는 것은、(A) 이다.

問題
2
○○○
문 :《보기》가 들어가는 것은、(B) 이다.

問題
3
○○○
문 :《보기》가 들어가는 것은、(C) 이다.

問題
4
○○○
문 :《보기》가 들어가는 것은、(D) 이다.

　人類の歴史上初めてダムが建設されたのは古代エジプトである。（Ａ）つまり、上水道用だったということだが、不幸にも洪水の時に備えた放流まで考えが及ばなかったため、圧力に堪えきれず決壊したのだという。（Ｂ）そのため、現在このダムは残がいしか残っていない。（Ｃ）一方アジアでは紀元前240年頃、黄河流域に建設された多古のダムが最初であると知られている。（Ｄ）

《例》このダムは、ピラミッドの建設に動員された労働者と家畜に水を
　　　与えるために作られた。

1　○　《보기》の始めに이 댐은が出てくるので、それを踏まえると（Ａ）が最も理想的です。○です。

2　✕　ここに入れるとしたら、後ろのユ 때문에と呼応しないので、無理です。✕が正解です。

3　✕　ここに入れるとしたら、ダムを紹介する内容が最後に来るということになるので、おかしいです。✕です。

4　✕　その前の文から別の話に展開しているので、ここには入れられません。

※文章を読んで、設問に○か×で答えなさい。

지난 주말 전국의 유명 산과 관광지가 깊어가는 가을 정취를 즐기려는 나들이객들로 북적였다. (A) 특히 설악산은 절정을 맞이한 단풍을 즐기려는 등산객들로 많이 붐볐다. (B) 등산로 주변과 주차장도 주차를 하려는 차와 빠져나가려는 사람들로 인해 극심한 혼잡을 빚었다. (C) 한편 동두천 소요산과 계룡산 등지에도 많은 등산객이 찾아 깊어 가는 단풍 속에 산행을 즐겼다. (D)

《보기》올가을 들어 가장 기온이 많이 떨어졌으나 추운 날씨가 시민들의 발길을 막지는 못했다.

問題
1
문 : 《보기》가 들어가는 것은、(A) である。

問題
2
문 : 《보기》가 들어가는 것은、(B) である。

問題
3
문 : 《보기》가 들어가는 것은、(C) である。

問題
4
문 : 《보기》가 들어가는 것은、(D) である。

　先週末、全国の有名な山や観光地が、深まる秋の情緒を楽しもうと訪れた客でごった返していた。（A）とくに雪岳山は見頃を迎えた紅葉を楽しむ登山客でだいぶ混雑していた。（B）登山道周辺と駐車場も、駐車しようとする車と出ようとする人々でひどく混雑していた。（C）一方、東豆川、逍遥山、鶏龍山などにも多くの登山客が訪れ、深まる紅葉のなか、山登りを楽しんでいた。（D）

《例》この秋を迎えて気温が最も低く下がったが、寒い天気が市民の出足を阻むことはなかった。

1　○　《보기》に書いてある今秋一番の寒い天気の話は、導入部が望ましいので、これが正解になります。

2　✕　《보기》に書いてある今秋一番の寒い天気の話は、導入部が望ましいので、(B) は相応しくありません。✕です。

3　✕　《보기》に書いてある今秋一番の寒い天気の話は、導入部が望ましいので、(C) は相応しくありません。✕です。

4　✕　《보기》に書いてある今秋一番の寒い天気の話は、導入部が望ましいので、(D) は相応しくありません。✕です。

※文章を読んで、設問に〇か×で答えなさい。

반려 동물 진료비 자율 표시제를 조속히 시행해야 한다는 주장이 제기됐다. (A) 반려 동물 치료 시 동물 병원마다 진료비가 달라 불합리를 초래하고 있는 상황을 시정하자는 것이다. (B) 그런데도 진료비를 사전에 공개하는 병원은 거의 없는 것이 현실이다. (C) 이에 따른 부담은 온전히 반려 동물 보호자들의 몫으로 돌아오고 있다. (D)

《보기》반려 동물을 가족의 일원으로 받아들이는 가구는 매년 증가하고 있다.

問題
1
○○○
문 : 《보기》가 들어가는 것은、(A) である。

問題
2
○○○
문 : 《보기》가 들어가는 것은、(B) である。

問題
3
○○○
문 : 《보기》가 들어가는 것은、(C) である。

問題
4
○○○
문 : 《보기》가 들어가는 것은、(D) である。

ペットの診療費の自律表示制を早急に施行すべきだという主張が提起された。（Ａ）ペット診療時、動物病院ごとに診療費が異なり不合理を招いている状況を是正しようというのだ。（Ｂ）それなのに、診療費を事前に公開する病院はほとんどないのが現実だ。（Ｃ）これによる負担はそっくりペットの保護者たちにはね返ってきている。（Ｄ）

《例》ペットを家族の一員として迎え入れる家は、毎年増加している。

---

1 ✕ ここに入れるとしたら、前の文に出てくる주장이 제기됐다とのつながりがおかしくなります。✕です。

---

2 ◯ (B) の後の그런데도が何に対する突っ込みなのかがポイントになります。これは《보기》に対するものです。

---

3 ✕ ここに入れるとしたら、後ろの이에 따른 부담은へのつながりがおかしくなります。✕です。

---

4 ✕ 最後に入れるとしたら、蛇足になります。相応しくありません。✕です。

※文章を読んで、設問に○か×で答えなさい。

国内에서 처음으로 드론 낚시 대회가 열렸다. (A) 말 그대로 드론으로 물고기를 잡는 것인데 (B) 무엇보다도 포인트 찾기와 미끼 던지기까지 한 번에 해결해 준다는 점에서 낚시꾼들에게 많은 관심을 모으고 있다. (C) 드론과 낚시의 생소한 콜라보레이션이 흥미를 끈다는 점에서 드론 낚시가 점차 사람들에게 많은 주목을 받을 것으로 보인다. (D)

《보기》 이번 대회에서는 이제까지 볼 수 없었던 다양하고 창의적인 방법들이 소개되었다.

問題
1
○○○
문 : 《보기》가 들어가는 것은, (A) である。

問題
2
○○○
문 : 《보기》가 들어가는 것은, (B) である。

問題
3
○○○
문 : 《보기》가 들어가는 것은, (C) である。

問題
4
○○○
문 : 《보기》가 들어가는 것은, (D) である。

　国内で初めて、ドローン釣り大会が開かれた。（A）文字どおりドローンで魚を釣るものだが、（B）何よりも、ポイント探しと餌投げまでを一気に解決してくれるという点で、釣り人たちの多くの関心を集めている。（C）ドローンと釣りの見慣れないコラボレーションが興味を引くという点で、ドローン釣りが次第に人々から多く注目されるものと思われる。（D）

　《例》今大会では、これまでに見ることのできなかった多様で創意に富んだ方法が紹介された。

1	✕	《보기》は、ドローン釣り大会の紹介が終わって出てくる話なので、（C）が正解になります。
2	✕	《보기》は、ドローン釣り大会の紹介が終わって出てくる話なので、（C）が正解になります。
3	◯	《보기》は、ドローン釣り大会の紹介が終わって出てくる話なので、（C）が正解になります。
4	✕	《보기》は、ドローン釣り大会の紹介が終わって出てくる話なので、（C）が正解になります。

※文章を読んで、設問に○か×で答えなさい。

미국의 탐사선이 지구로부터 3억 킬로미터 이상 떨어진 소행성으로부터 시료를 채취하는 데 성공했다. (A) 이 소행성 탐사선이 귀환하면 태양계 형성의 비밀을 푸는 데 많은 도움이 될 것으로 보인다. (B) 이 소행성은 45억 년 전에 형성되었을 것으로 추정돼 생명의 기원을 밝히는 데 좋은 참고가 될 것으로 보인다. (C) 탐사선은 3년 후인 2023년 지구로 귀환할 계획이다. (D)

《보기》 시료 채취에 성공한 소행성은 1999년에 발견됐는데

問題

1

○○○

문 : 《보기》가 들어가는 것은, (A) 이다.

問題

2

○○○

문 : 《보기》가 들어가는 것은, (B) 이다.

問題

3

○○○

문 : 《보기》가 들어가는 것은, (C) 이다.

問題

4

○○○

문 : 《보기》가 들어가는 것은, (D) 이다.

　アメリカの探査船が地球から3億キロメートル以上離れた小惑星からサンプルを採取することに成功した。（A）この小惑星探査機が帰還すれば、太陽系形成の秘密を解くうえで大いに役立つとみられている。（B）この小惑星は45億年前に形成されたものと推定され、生命の起源を解き明かすうえで良い参考になるとみられる。（C）探査船は3年後の2023年、地球に帰還する計画だ。（D）

《例》サンプルの採取に成功した小惑星は1999年に発見されたが

1	○	《보기》が小惑星のことを説明していることと後ろに来る主語との関係を踏まえると、これが正解です。
2	×	ここに入れるとしたら、後ろに来る이 소행성은と主語が2回出てくることになり、不自然です。
3	×	ここに入れるとしたら、발견됐는데がつなぐ2つの文の間の接続性がおかしくなります。×です。
4	×	途中で文が切れる形になるので、不自然です。

■ 읽기⑩ 長文問題 [42〜50] 対応問題

学習の ポイント

　42番以降は、下線部分に表れた人の心境として適切なものを選ぶ問題と、問題文の内容と一致するものを選ぶ問題とのセットで出題される42番、43番、本文のテーマを選ぶ問題と、（　）に入る最も適切な表現を選ぶ問題とのセットで出題される44番、45番、例文をどこに入れればいいのかを選ぶ問題と、本文の内容と一致するものを選ぶ問題とのセットで出題される46番、47番が続き、最後に、筆者が文を書いた目的を聞く問題と、（　）に入る適切な表現を選ぶ問題、下線部分に表れた筆者の態度として適切なものを選ぶ問題の計3問セットで出題される48番、49番、50番ですべてが終わります。最後の3問ですが、必ずしも順番通りに解く必要はありません。どちらかと言うと、49番→50番→48番の順番で解いていった方が効果的だと思います。内容的に48番の問題が最も難しく時間を要するからです。

　49番は、本文の（　）に①から④までの選択肢を入れて読み、適切なものを選びます。それから50番に行きます。50番では、先に下線部分を読み、筆者の態度として適切なものを選びます。下線部分を読んだだけで判断がつかない時には、下線部分の前後の文も一緒に読んで下さい。無事に49番、50番が終わったら48番に行きます。

※다음 글을 읽고 물음에 답하십시오. 　각 2점

　　얼핏 보아도 깔끔하고 똑똑하게 생긴 선생님이 우리 아들의 담임 선생님이 된 것은 정말 다행스러운 일이었다. 1반부터 12반까지 한 사람씩 담임 선생님 소개가 이어질 때 3반이 되기만을 바랐는데 정말 그렇게 되었다. 그다지 학군이 좋은 것도 아니고 그렇다고 남의 집 자식처럼 머리가 엄청 좋은 것도 아닌데 어떻게든 대학에 가려면 우리 선생님같이 똑부러진 선생님한테 걸려야 된다는 게 내 생각이었다. 아니나 다를까 우리 아들은 엄마 생각대로 되어 갔다. 학교 이야기는 도통 안 하던 녀석이 입에 침이 마를 정도로 선생님 칭찬을 해 댔다. 아무리 깨워도 이불 속에서 꼼지락거리면서 제 힘으로 일어날 줄을 모르던 물러 터진 녀석이 <u>설마 또박또박 제시간에 일어나 단정하게 학교에 갈 준비를 할 줄 누가 알았으랴?</u> "엄마, 시험 공부해야 하니까 내일 새벽에 깨워 주세요"라고 했을 때 나는 이게 꿈인가 생시인가 볼을 꼬집어 보고 싶은 심정이었다. 우리 아들 반은 뭘 해도 1등을 하는 모양이었다. 달이 바뀌는 게 기다려질 정도였다. 매달 이번 달은 우리 반이 국영수 싹 쓸었다는 둥 전체 50등 안에 든 숫자가 제일 많다는 둥 내가 기뻐할 만한 소식만 꼬박꼬박 물어오니 그도 그럴 밖에.

42. 밑 줄 친 부분에 나타난 '나'의 심정으로 알맞은 것을 고르십시오.

　　① 갑갑하다　❷ 감격스럽다　③ 조심스럽다　④ 의심스럽다

43. 위 글의 내용과 같은 것을 고르십시오.

　　① 기대하지 않았던 분이 아들 담임 선생님이 되었다.
　　② 아들의 학교 생활이나 집에서의 모습에 실망했다.
　　❸ 아들 담임 선생님한테 진심으로 감사드리고 싶다.
　　④ 아들을 통해 듣는 학교 이야기가 마음에 안 들었다.

※次の文を読んで質問に答えて下さい。　各2点

　　ぱっと見て清潔そうで賢そうな先生がうちの息子の担任の先生になったのは本当に幸いだった。1組から12組まで一人ずつ担任の先生の紹介が続く時に、3組になれと祈っていたが、本当にその通りになった。さほど学区がいいわけでもなく、かといって他人の子みたいに頭がいいわけでもないのだから、どうにかして大学に行くためにはうちの先生みたいなしっかり者に当たらなきゃと思うのが私の持論だった。案の定、息子はママの思惑通りになっていった。学校の話をしたこともない子が先生のことをしきりに誉めてきた。いくら起こしても自分では起きることを知らないダメっ子が、<u>まさかのまさかきちんと定刻に起きて学校に行く準備をするとは想像すらしなかった。</u>“お母さん，テストの勉強をするから明日の朝早く起こしてね。”と言われた時には、夢か現かほっぺたをつねってみたいという心境だった。息子のクラスは何をしてもトップのようだった。月が替わるのが待ち遠しいくらいだった。毎月今月はうちのクラスが国英数総なめだよとか、全体50位以内に入った数がうちのクラスが最多とか、私が喜びそうなことばかり運んでくるのだから、それもそのはず。

42.　下線部分に表れた‘私’の心境として適切なものを選んで下さい。

　　　① もどかしい　❷ 感激だ　③ 注意深い　④ 疑わしい

43.　上の文の内容と同じものを選んで下さい。

　　　① 期待していなかった人が息子の担任の先生になった。
　　　② 息子の学校生活や家での態度に失望した。
　　　❸ 息子の担任の先生に心から感謝したい。
　　　④ 息子を通して聴く学校の話が気に入らなかった。

1 解法のポイント

　問題のパターンとしては、ここに至るまでの問題の中にすでにあったものをレベルアップさせた形になっているので、解き方としては、同様の方法を取ることになります。例えば、42番、43番問題は、形容詞の語彙力を磨くことと、登場人物がどんな行動を取るのかを注意すればよく、44番、45番問題は、文全体の骨子となる主題文を見つけるために、本文をさらっと読むことが大事になり、46番、47番問題は、文の穴埋め形式の問題なので、前後文脈の論理性を確認することが大切となり、48番、49番、50番問題は、文章の意図や目的に絞って読んでいくことが求められます。

2 最近の出題傾向

　いよいよ読解問題の最後なので、使われる文章の種類も多様で、レベルもかなり高くなります。第64回からは、短編小説から2問、儒教の礼法をめぐる論文から2問、1人メディア時代を扱った記事から2問、自治警察制度の拡大スタートを知らせる報告書から3問、それぞれ出題されました。それぞれの問題文に使われた単語や文型などに難易度の制限はなく、ハイレベルの文章が問題として使われています。

※文章を読んで、設問に○か×で答えなさい。

그녀와 처음 만난 순간 이미 그녀는 나의 마음 깊숙한 곳에 들어와 있었다. 차분하고도 사려 깊은 말투와 그에 어울리는 손짓과 몸짓, 그 어느 하나를 들어도 마음속에 그리던 여성이었다. 매일 보고 싶었다. 다행히 나는 매일 그녀를 내 눈앞에 나타나게 할 수 있는 입장에 있었다. 나는 내 위치를 있는 대로 다 활용하여 그녀를 내 눈앞에 나타나게 했다. 그리고 그녀에 대한 내 마음을 키워 나갔다.

이윽고 나는 내 회사에 그녀를 입사시켰다. 그리고 매일 자연스럽게 그녀와 마주쳤다. 점심시간이 되면 식사를 같이 하러 나갔고 휴게 시간이 되면 회사 근처의 꽃잎이 휘날리는 <u>조그만 강 길을 같이 걸었다.</u> 사원 연수를 가서는 아침 일찍 일어나 오붓한 산길을 둘이 걸었다. 체육관에서 모두가 배구를 할 때도 그녀만은 내 탁구 상대를 하게 했다.

나를 바라보던 그녀의 눈길을 잊지 못한다. 잠시 오피스 내 자리에서 나도 모르게 잠이 들어 버렸을 때 따뜻하게 나를 덮어 주었던 그녀의 코트 냄새를 잊을 수가 없다. 그녀는 지금 어디에서 이 하늘을 보고 있을까...

問題 1	문 : 下線の部分に表れた私の心情として適切なのは、황홀하다
問題 2	문 : 下線の部分に表れた私の心情として適切なのは、기분이 날아갈 듯하다
問題 3	문 : 下線の部分に表れた私の心情として適切なのは、짜릿하다
問題 4	문 : 下線の部分に表れた私の心情として適切なのは、몸 둘 바를 모른다
問題 5	문 : 나는 첫눈에 그녀와 사랑에 빠졌다. は、文章の内容と一致しています。
問題 6	문 : 그녀는 내 회사에 새로 들어온 신입 사원이었다. は、文章の内容と一致しています。
問題 7	문 : 그녀는 나의 아내가 되어 있다. は、文章の内容と一致しています。
問題 8	문 : 나는 모든 시간을 그녀와 보내고 싶었다. は、文章の内容と一致しています。

彼女と初めて会った瞬間、すでに彼女は私の心の奥深くに入り込んでいた。落ち着いた思慮深い話し方と、それにふさわしい身振りやしぐさ、そのどれひとつをとっても、心の中に描いていた女性だった。毎日会いたかった。幸い私は毎日彼女を私の目の前に現れるようにすることができる立場にあった。私は私の地位を、目一杯活用し、彼女を私の目の前に立たせた。そして彼女に対する私の気持ちを温めていった。

やがて私は、私の会社に彼女を入社させた。そして毎日ごく自然に彼女と顔を合わせた。お昼休みになると一緒に食事をしに出かけ、休憩時間になれば会社の近くの花吹雪が舞う細い川沿いの道を一緒に歩いた。社員研修に行けば、朝早く起きて、こじんまりとした山道を2人で歩いた。体育館で皆がバレーボールをしている時も、彼女だけは私の卓球の相手をさせた。

私を見つめる彼女のまなざしを忘れることができない。オフィスのデスクで思わず、ちょっと眠ってしまった時、あたたかく私を包んでくれた彼女のコートの香りを忘れることができない。彼女は今、どこでこの空を見上げているのだろうか…。

1	✕	【訳】問：恍惚とした
		愛おしい彼女と歩いているのですから、研ぎ澄まされたかのような喜びですが、황홀하다ではありません。
2	◯	【訳】問：気分が空を飛んでいるようだ
		ふわふわ空を飛んでいるような喜びですから、◯が正解です。
3	◯	【訳】問：ぴりっと来る
		全身が喜びでぴりっとするような感覚に包まれています。◯になります。
4	✕	【訳】問：身の置きどころがない
		몸 둘 바를 모르다は、恐縮したり恥ずかしかったりして、どうしていいのか分からない状態を指します。
5	◯	【訳】問：私は一目で彼女と恋に落ちた。
		처음 만난 순간と言っている内容と一致します。◯です。
6	✕	【訳】問：彼女は私の会社に新たに入社した新入社員だった。
		내 회사에 그녀를 입사시켰다と書いてある内容と矛盾します。✕です。
7	✕	【訳】問：彼女は私の妻になっている。
		그녀는 지금 어디에서と言っているので、妻にはなっていません。
8	◯	【訳】問：私は全ての時間を彼女と過ごしたかった。
		何をしても彼女と一緒にいたかったという気持ちが表れているので、◯が正解です。

※文章を読んで、設問に○か×で答えなさい。

> 연령을 중시하는 사고는 정말 유교의 영향일까? 유교의 기본이 되는 도덕 지침에 삼강오륜이 있는 것은 사실이고 오륜 중에 장유유서가 있어 이것 때문에 한 살이라도 더 먹은 사람을 연장자 취급을 하는 사고가 있는 것도 사실이나 그러나 그것만으로 우리의 사고 가운데 (　　　) 생각이 이처럼 강력하게 뿌리를 내리고 있다고는 단정 지을 수 없다. 그보다는 원래 우리 안에 뿌리박혀 있는 수직적 사고방식이 있고 거기에 삼강오륜이 마치 우리들의 행동 양식처럼 더해졌기 때문에 더욱더 극대화되었다고 보는 것이 보다 설득력 있게 들린다.

問題 **1** ○○○	문 : 우리의 사고방식이 단순히 유교의 도덕 지침에 의거한 것이라고는 보기 어렵다. 는、上の文章の主題として相応しい。
問題 **2** ○○○	문 : 연장자를 중시하는 것은 역시 유교의 영향이라 아니할 수 없다. 는、上の文章の主題として相応しい。
問題 **3** ○○○	문 : 우리 안에는 수직적 사고방식이 뿌리박혀 있는 것으로 보인다. 는、上の文章の主題として相応しい。
問題 **4** ○○○	문 : 유교의 삼강오륜이 우리의 행동 양식을 좌우하는 것은 틀림없는 사실이다. 는、上の文章の主題として相応しい。
問題 **5** ○○○	문 : (　　　) に入る言葉は、연장자 최우선의です。
問題 **6** ○○○	문 : (　　　) に入る言葉は、나이 든 사람을 대우하는です。
問題 **7** ○○○	문 : (　　　) に入る言葉は、연령을 중시하는です。
問題 **8** ○○○	문 : (　　　) に入る言葉は、윗사람을 존중하는です。

年齢を重視する思考は本当に儒教の影響だろうか？ 儒教の基本となる道徳指針に三綱五倫があることは事実で、五倫の中に長幼有序があり、このことにより1つでもより歳を重ねた人を年長者として扱う考えがあるのも事実だが、しかしそれだけで、われわれの思考の中に（　　　）考えがこれほど強力に根づいていると断定することはできない。それより、もともとわれわれの中に根づいているタテ思考の考え方があり、そこに三綱五倫がまるでわれわれの行動様式のように加わったがゆえに、さらに極大化したと見るのが、より説得力があるように思える。

| 1 | ✕ | 【訳】問：われわれの思考方式が単純に儒教の道徳指針に拠るものだと見るのは難しい。 |
| | | 話は、유교의 영향から수직적 사고방식に展開されていくので、これが主題とは言い難いです。 |

| 2 | ✕ | 【訳】問：年長者を重視するのは、やはり儒教の影響だと言わざるを得ない。 |
| | | 연장자 중시は、あくまでも話のふりに過ぎないので、主題とは言い難いです。 |

| 3 | ◯ | 【訳】問：われわれの中には、タテ思考の考え方が深く根づいているように思う。 |
| | | 수직적 사고방식があり 거기 삼강오륜이 더해졌기と言っていることを踏まえると、これが主題と言えます。 |

| 4 | ✕ | 【訳】問：儒教の三綱五倫が、われわれの行動様式を左右するのは紛れもない事実だ。 |
| | | 그러나 그것만으로と삼강오륜の影響を否定しているので、✕です。 |

| 5 | ✕ | 【訳】問：年長者最優先の |
| | | 本文で言いたいのは、연장자 최우선の考えではありません。✕が正解です。 |

| 6 | ✕ | 【訳】問：歳を重ねた人を待遇する |
| | | そもそも나이 든と대우하다とが言葉の重みが合わないので、変な感じがします。✕です。 |

| 7 | ✕ | 【訳】問：年齢を重視する |
| | | ただ単に年齢を重視するわけではありません。✕が正解です。 |

| 8 | ◯ | 【訳】問：目上の人を尊重する |
| | | これが最も相応しい表現となります。 |

258

※文章を読んで、設問に○か×で答えなさい。

백신은 감염병의 예방에 사용되는 의약품을 말한다. 병원체를 이용해서 만들어지는 무독 또는 약독화 상태의 항원을 체내에 투여하여 항체를 형성하게 함으로써 체내에 감염병에 대한 면역이 생기도록 하는 작용을 한다. 백신은 감염병 예방에 가장 중요하고 또 효율적인 수단이기 때문에 예방 의학상 매우 중시되며 세계 각국이 백신 (   ) 것도 바로 이 때문이다. 백신이라는 명칭은 세계 최초이자 유일하게 감염병 근절에 성공한 천연두 백신을 얻는 암소의 라틴어에서 유래된 것이다. 감염병은 치료하는 것보다 예방하는 것이 비용 대 효과가 훨씬 크기 때문에 백신으로 예방할 수 있는 병은 반드시 예방 접종을 실시하도록 하는 것이 현명한 조치이다.

問題 1	문 : 백신은 감염병 예방에 아주 효율적이며 또 중요하다. 는, 上の文章の主題として相応しい。
問題 2	문 : 감염병은 치료보다 예방이 비용 대 효과가 훨씬 크다. 는、上の文章の主題として相応しい。
問題 3	문 : 백신은 예방 의학에 있어서 중요한 위치를 차지한다. 는、上の文章の主題として相応しい。
問題 4	문 : 감염병을 예방하려면 항체를 만드는 것이 중요하다. 는、上の文章の主題として相応しい。
問題 5	문 : ( ) に入るには、개발에 심혈을 기울이는である。
問題 6	문 : ( ) に入るには、예방 접종을 실시하고 있는である。
問題 7	문 : ( ) に入るには、확보에 힘을 쏟는である。
問題 8	문 : ( ) に入るには、산업에 많은 투자를 하는である。

ワクチンとは、感染病の予防に使われる医薬品のことを指す。病原体を利用して作られる無毒あるいは弱毒化状態の抗原を体内に投与し抗体を形成させることで、体内に感染病に対する免疫を作らせる作用をする。ワクチンは感染病予防にとって最も重要で、また効率的な手段であるため、予防医学上非常に重視され、世界各国がワクチン（　　）のも、まさにこのためである。ワクチンという名称は、世界最初かつ唯一の感染病根絶に成功した天然痘ワクチンが得られた雌牛の、ラテン語に由来するものである。感染病は、治療するより予防するほうが、費用対効果がはるかに大きいため、ワクチンで予防できる病気は必ず予防接種を実施するようにするのが賢明な措置である。

1 ✕ 【訳】問：ワクチンは、感染病予防において非常に効率的かつ重要である。
確かに本文の内容と一致はしますが、これが主題かといったら、そうは言えません。部分的な話です。

2 ✕ 【訳】問：感染病は、治療より予防が費用対効果がはるかに大きい。
ワクチンの話なのであって、感染病の話ではありません。✕が正解です。

3 〇 【訳】問：ワクチンは予防医学において重要な位置を占める。
これが主題として、最も適切と言えます。ワクチンと予防医学の話を抑えているからです。

4 ✕ 【訳】問：感染病を予防するには、抗体を作ることが重要だ。
確かにその通りですが、全体の中の部分的な話に過ぎません。主題にはなりません。

5 〇 【訳】問：開発に心血を注ぐ
ワクチンで세계 각국が競っているとしたら、ワクチンの開発です。〇が正解です。

6 〇 【訳】問：予防接種を実施している
話の流れとして何もおかしくないので、〇が正解になります。

7 〇 【訳】問：確保に力を注ぐ
話の流れとして何も矛盾はないので、〇が正解になります。

8 〇 【訳】問：産業に多くの投資をする
話の流れとして何も矛盾しないので、〇が正解になります。

※文章を読んで、設問に○か×で答えなさい。

웨딩드레스의 기원은 로마 제국 때까지 거슬러 올라간다.
(A) 392년 기독교가 로마 제국의 국교가 되면서 결혼식을
교회에서 올리게 되었는데 이때 왕족이나 귀족의 신부가 의식
용으로 착용하기 시작한 것이 웨딩드레스의 시작이다. (B)
지금처럼 표백 기술이 좋지 않을 때는 웨딩드레스의 색깔도
다양했고 또 흰색의 순결성에 대한 논란도 있어 이렇다 할 패
턴이 정착되지 않았다. (C) 웨딩드레스의 색깔이 지금처럼
흰색으로 정착되는 데 공헌을 한 것은 영국의 빅토리아 여왕
이다. (D) 본디 세계 어디를 가나 민족마다 독자적인 결혼
의상이 있지만 지금처럼 세계적으로 흰색 웨딩드레스가 보편
화된 것은 서양 문화의 영향 때문이다.

《보기》최초에는 평상시 의식에 사용되는 검은 드레스와 흰색 베일이
　　　그대로 사용되었다.

問題 1	문：《보기》が入るのは、(A) である。
問題 2	문：《보기》が入るのは、(B) である。
問題 3	문：《보기》が入るのは、(C) である。
問題 4	문：《보기》が入るのは、(D) である。
問題 5	문：웨딩드레스의 상징인 흰색은 처음부터 변함이 없다. は、文章の内容と一致しています。
問題 6	문：웨딩드레스의 계기를 만든 것은 기독교이다. は、文章の内容と一致しています。
問題 7	문：빅토리아 여왕이 처음으로 웨딩드레스를 입었다. は、文章の内容と一致しています。
問題 8	문：웨딩드레스가 보편화된 것은 일부 지역에 불과하다. は、文章の内容と一致しています。

> ウェディングドレスの起源はローマ帝国時代にまでさかのぼる。(A) 392年、キリスト教がローマ帝国の国教となってから結婚式を教会であげるようになったのだが、この時、王族や貴族の新婦が儀式用に着用を始めたのが、ウェディングドレスの始まりである。(B) 今のように漂白技術がよくなかった頃はウェディングドレスの色も多様で、また、白の純潔性についての議論もあり、これといったパターンが定着していなかった。(C) ウェディングドレスの色が現在のように白に定着することに貢献したのは、イギリスのビクトリア女王である。(D) もともと、世界のどこに行っても民族ごとに独自の結婚衣装があるが、今のように世界的に白いウェディングドレスが普遍化したのは、西洋文化の影響によるものである。

《例》最初は、平常時の儀式に使用される黒いドレスと白いベールがそのまま使われた。

1	✕	ここに入れたら、ウェディングドレスの起源に関する話が後ろから出てくることになるので、おかしいです。
2	◯	《보기》에 최초에는とあるので、ウェディングドレスの始まりに触れる内容が前にあることが望ましいです。
3	✕	《보기》에 최초에는とあるので、ここに入れたら、話の途中に、むりやり挟む感じがします。✕です。
4	✕	最後に来る話として、相応しくありません。✕です。
5	✕	【訳】問：ウェディングドレスの象徴である白は、はじめから変わりがない。 웨딩드레스의 색깔도 다양했고と言っていることと矛盾します。✕になります。
6	◯	【訳】問：ウェディングドレスのきっかけを作ったのはキリスト教である。 결혼식을 교회에서 올리게 되었는데と言っていることと一致します。◯です。
7	✕	【訳】問：ビクトリア女王が初めてウェディングドレスを着た。 ビクトリア女王は、白いドレスの定着に貢献した人物です。
8	✕	【訳】問：ウェディングドレスが普遍化したのは、一部地域に過ぎない。 세계적으로 보편화と言っている内容と矛盾します。✕です。

※文章を読んで、設問に○か×で答えなさい。

1990년대에 들어 승용차 보유가 일반화되면서 주유소 사업이 주목을 받기 시작했다. 때마침 주유소 간 거리 제한도 철폐됨에 따라 주유소 숫자도 급증하고 또 규모도 대형화하면서 수익성이 좋은 사업으로 각광받았다. 2000년대 들어서는 정유 회사들이 점유율을 차지하기 위해 주유소 영업소 확보에 뛰어들면서 한층 더 주유소 숫자가 늘어났다. 운전자 입장에서는 (   ) 한편으로는 일부 부실 주유소의 정비불량에 의한 저장 탱크 또는 배관 등에서의 유류 누출 사고로 인해 토양 오염 문제를 발생시키는 등 부작용도 많이 일어났다. 클린주유소 제도는 이러한 부작용을 개선하기 위해 환경부가 2006년 도입한 제도이다. 클린 주유소는 유류 유출, 누출을 막기 위해 이중 배관과 이중 벽 탱크 등의 시설을 갖추고 있는데 클린 주유소로 인증을 받으면 환경 개선 자금의 지원을 받는 등 여러 혜택을 받는다.

問題 1	문 : 上の文章を書いた目的は、클린 주유소 제도 탄생의 배경을 설명하기 위해서이다.

問題 2	문 : 上の文章を書いた目的は、주유소 업계의 역사를 돌이켜 보기 위해서이다.

問題 3	문 : 上の文章を書いた目的は、클린 주유소 인증 시스템을 소개하기 위해서이다.

問題 4	문 : 上の文章を書いた目的は、주유소 사업의 문제점을 지적하기 위해서이다.

　1990年代に入って乗用車の保有が一般化されると、ガソリンスタンド事業が注目されるようになった。折しも、ガソリンスタンド間の距離制限も撤廃されガソリンスタンドの数も急増し、また規模も大型化することで、収益性の良い事業として脚光を浴びた。2000年代に入ってからは、精油会社が占有率を上げるためにガソリンスタンド営業所の確保に乗り出すことで、ガソリンスタンドの数が一層伸びた。ドライバーの立場では（　　　　）一方では、一部不良ガソリンスタンドの整備不良による貯蔵タンクあるいは配管からの油漏れ事故により、土壌汚染問題を発生させるなど副作用も多く起きた。クリーンガソリンスタンド制度は、このような副作用を改善するため、環境部が2006年に導入した制度である。クリーンガソリンスタンドは、油漏れや漏出を防ぐために、二重配管と二重壁タンクなどの施設を整えているが、クリーンガソリンスタンドとして認証を受ければ環境改善資金の支援を受けられるなど様々な恩恵が受けられる。

| 1 | ✕ | 【訳】問：クリーンガソリンスタンド誕生の背景を説明するため |
| | | クリーンガソリンスタンドの話も出ていますが、全体的にガソリンスタンドの歴史を振り返るのが目的です。 |

| 2 | ◯ | 【訳】問：ガソリンスタンド業界の歴史を振り返ってみるため |
| | | 1990年から2000年代までガソリンスタンドにどんな変化があったのかを概観しているので、◯です。 |

| 3 | ✕ | 【訳】問：クリーンガソリンスタンド認証システムを紹介するため |
| | | これは全体の話の中の一部に過ぎません。これを言うためにこの文を書いているわけではありません。 |

| 4 | ✕ | 【訳】問：ガソリンスタンド事業の問題点を指摘するため |
| | | 問題点を指摘するためではありません。 |

문 : (　　　) に入る言葉は、반대할 이유가 전혀 없었지만である。

문 : (　　　) に入る言葉は、환영할 만한 일이었지만である。

문 : (　　　) に入る言葉は、찬성하지 않을 수 없는 결정이었지만である。

문 : (　　　) に入る言葉は、그다지 기대하지도 않았지만である。

문 : 下線部分に表れた著者の態度として適切なのは、행정 주도로 이런 제도를 시행하는 것은 옳지 않다.である。

문 : 下線部分に表れた著者の態度として適切なのは、사업 환경을 조성하기 위한 조치이므로 당연하다.である。

문 : 下線部分に表れた著者の態度として適切なのは、좀 더 빨리 환경부가 대책을 세워야 했다.である。

문 : 下線部分に表れた著者の態度として適切なのは、토양 오염 문제를 개선하고자 만든 제도이므로 적절하다.である。

解答・解説

| 5 | × | 【訳】問：反対する理由がまったくなかったが |
| | | 表現的には言えそうですが、ドライバーたちはガソリンスタンドの開店に賛否を言う立場にいません。 |

| 6 | ○ | 【訳】問：歓迎すべきことだったが |
| | | ガソリンスタンドが増えれば、ドライバーたちの立場からは、喜ばしいことです。○が正解です。 |

| 7 | × | 【訳】問：賛成せざるを得ない決定だったが |
| | | ガソリンスタンドの開店に車を運転する人たちが口を挟むのは、あり得ません。 |

| 8 | × | 【訳】問：それほど期待もしなかったが |
| | | ガソリンスタンドが増えることは車を運転する立場からは、嬉しいことなので、これは違います。 |

| 9 | × | 【訳】問：行政主導でこのような制度を施行するのは良くない。 |
| | | 制度の導入に対し、著者は、賛否の態度をはっきりしていません。×が正解です。 |

| 10 | × | 【訳】問：事業環境を整えるための措置なので当然だ。 |
| | | 著者は、制度を紹介しているだけで、その賛否に対しては、意見を述べていません。×が正解です。 |

| 11 | × | 【訳】問：もっと早く環境部が対策を立てるべきだった。 |
| | | ただ単に事実を紹介しているだけなので、これも×が正解です。 |

| 12 | × | 【訳】問：土壌汚染問題を改善しようと作った制度なので適切である。 |
| | | ただ単に制度が作られたという話をしているだけなので、×が正解です。 |

※文章を読んで、設問に○か×で答えなさい。

예인의 인기는 시대의 공기와 무관하지 않다. 공기에 잘 맞으면 가진 게 없어도 인기를 얻지만 공기에 맞지 않으면 가졌다 하더라도 (A) 때를 잘 만나고 시대의 공기에 딱 들어맞아 뜬 그 사람이 진짜 예인이면 지지 않고 오래 가지만 떠도는 공기에 우연히 같이 떠 잠시 그 상태에 있는 가짜 예인이라면 공기가 꺼지는 대로 그대로 스러진다.

예인이 아니라도 다를 바 없다. 시대의 공기에 실력이 얹히면 영웅이 되지만 실력도 없는 채 시대의 공기에 올라타면 간웅이 된다. 영웅은 그것이 시대의 공기 덕분이라는 것을 알지만 간웅은 올라탄 것이 (B) 시대의 간웅들과 생각을 나눌 수 없는 이유가 바로 여기에 있다. 아이덴티티도 제대로 자각을 못 하는 사람과 생각의 공간을 만든다는 것은 참으로 부질없는 노릇이다. 그래서 가만히 아주 가만히 시대의 공기가 꺼지는 것을 기다려야 한다. 시대의 간웅이 영웅인 줄 착각하고 자신이 공기인 줄도 모르며 자신을 띄운 시대를 감히 움직이려 달려든다. 이런 사람이 대통령이 되고 이런 사람이 수상이 되면 민초들이 참 고달프다.

問題 1 ○○○	문 : 上の文章を書いた目的は、정치가라는 자들을 타이르기 위해である。
問題 2 ○○○	문 : 上の文章を書いた目的は、시대의 간웅들을 꾸짖기 위해である。
問題 3 ○○○	문 : 上の文章を書いた目的は、진정한 영웅과 섞어 빠진 간웅을 비교하기 위해である。
問題 4 ○○○	문 : 上の文章を書いた目的は、현명한 사리 분별로 시대를 살아가기 위해である。

　芸能人の人気は、時代の空気と無関係ではない。空気にうまく合えば特に持っているものがなくても人気を得ることができるが、空気に合わなければ、持つものがあったとしても（　A　）時に巡り合い、時代の空気にぴったりはまってブレークしたその人が本物の芸能人であれば、くさることなく長く活躍するが、漂う空気に偶然一緒に浮かんで一時その状態にある、偽物の芸能人であれば、空気が弾けると同時に、そのまま消えてゆく。

　芸能人でなくても大差はない。時代の空気に実力が乗っかれば英雄になるが、実力もないまま時代の空気に乗っかると奸雄になる。英雄は、それが時代の空気のおかげだということに気づくが、奸雄は乗っかったのが（　B　）時代の奸雄たちと考えを分かち合えない理由が、まさにここにある。アイデンティティすらまともに自覚できない人との間に考えの空間を作るというのは、実に虚しいことだ。なので静かに、とても静かに時代の空気が弾けるのを待たなければならない。<u>時代の奸雄が英雄であるかのように錯覚し、自分が空気であることも気づかずに自分を上げてくれた時代を、恐れ多くも動かそうと躍起になる。このような人が大統領となり、このような人が首相となったら、民はまったくもってたまらない。</u>

1	✕	【訳】問：政治家という者どもを言いたしなめるため 타이르다は、態度や考え、行動を改めるよう言い聞かせることを意味するので、書いた目的とずれます。
2	✕	【訳】問：時代の奸雄たちを叱責するため 꾸짖다は、誤りや間違いに対し、その非をしかるという意味なので、書いた目的とは少しずれます。
3	✕	【訳】問：真の英雄と腐りきった奸雄を比較するため 英雄と奸雄を比較するのが、この文の目的ではありません。
4	✕	【訳】問：賢明に道理を分別して時代を生きていくため 物事を弁え、分別し、それで賢く生きていくために書いたわけではないので、✕です。

問題 **5** ○○○	문 : 주목을 끌지 못한다는、(A)に入る言葉として相応しく ない。
問題 **6** ○○○	문 : 무명으로 지낼 수 밖에 없다는、(A)に入る言葉とし て相応しくない。
問題 **7** ○○○	문 : 현란하게 스포트라이트를 받는다는、(A)に入る言葉 として相応しくない。
問題 **8** ○○○	문 : 인기를 얻지 못할 수도 있다는、(A)に入る言葉とし て相応しくない。
問題 **9** ○○○	문 : 인내와 고난의 열매라 생각한다는、(B)に入る言葉 として相応しくない。
問題 **10** ○○○	문 : 노력의 결과라 착각한다는、(B)に入る言葉として相応 しくない。
問題 **11** ○○○	문 : 주변의 도움 덕분이라는 것을 깨닫는다는、(B)に 入る言葉として相応しくない。
問題 **12** ○○○	문 : 마치 자신의 숙명인 줄 안다는、(B)に入る言葉とし て相応しくない。
問題 **13** ○○○	문 : 지도자가 되는 사람은 시대의 공기를 읽을 줄 알 아야 한다. 는、下線の部分に表れた筆者の態度として適切 でない。
問題 **14** ○○○	문 : 지도자가 됐다고 해서 시대를 바꿀 수 있다고 생 각하면 착각이다는、下線の部分に表れた筆者の態度とし て適切でない。
問題 **15** ○○○	문 : 시대의 공기는 민초들이 만들고 빚어 가는 것이 다. 는、下線の部分に表れた筆者の態度として適切でない。
問題 **16** ○○○	문 : 간웅도 시대를 움직일 수만 있다면 영웅이 될 수 있다. 는、下線の部分に表れた筆者の態度として適切でない。

解答・解説

5	○	【訳】問：注目を引くことができない 文の流れ上、人気を得ない、注目されないなどの言い方になれれば、成立します。正解は○です。
6	○	【訳】問：無名のまま過ごすしかない 文の流れ上、人気を得ない、注目されないなどの言い方になれれば、成立します。正解は○です。
7	×	【訳】問：絢爛にスポットライトを浴びる スポットライトを浴びるのは、反対です。
8	○	【訳】問：人気を得られないこともある 文の流れ上、人気を得ない、注目されないなどの言い方になれれば、成立します。正解は○です。
9	×	【訳】問：忍耐と苦難の結実だと思う 奸雄の勘違い、思い込みだと言う内容が来れば、成立します。인내와 고난は、合いません。×です。
10	○	【訳】問：努力の結果だと錯覚する 奸雄の勘違い、思い込みだと言う内容が来れば、成立します。正解は○です。
11	×	【訳】問：周りの助けのおかげだということを悟る 奸雄の勘違い、思い込みだと言う内容が来れば、成立しますが、これは反対の内容なので、×です。
12	○	【訳】問：まるで自身の宿命かのように勘違いをする 奸雄の勘違い、思い込みだと言う内容が来れば、成立します。正解は○です。
13	○	【訳】問：指導者となる人は時代の空気を読めなければならない。 正解は○です。時代の空気を読めとは言っていません。
14	×	【訳】問：指導者になったからといって時代を変えられると思ったらそれは錯覚である。 正解は×です。著者の態度として、最も適切な内容となるので、正解としては×です。
15	×	【訳】問：時代の空気は民衆が作り上げていくものだ。 正解は×です。著者の態度として、最も適切な内容となるので、正解としては×です。
16	○	【訳】問：奸雄も、時代を動かすことさえできれば、英雄になれる。 これは、著者は言っていません。態度として適切ではありません。正解としては○です。

●著者紹介

イム・ジョンデ（林鍾大）

韓国大田生まれ。韓国外国語大学日本語科卒業。同大学院卒業後、ソウルの栢一高校で日本語教師を勤める。1997年上智大学大学院文学研究科国文学専攻博士後期課程満期退学。清泉女子大学非常勤講師、東海大学福岡短期大学国際文化学科主任教授、観光文化研究所所長などを経て、現在は東海大学教育開発研究センター教授。『完全マスターハングル文法』『完全マスターハングル会話』『完全マスターハングル単語』『中上級ハングル文法活用辞典』『日本語表現文型』など多数の著書がある。韓国語教育、韓国の文化と社会、国際理解、国際交流などを研究テーマにしている。現在の名は、林大仁（はやしひろひと）。

● 本文組版：有限会社 P.WORD
● カバーデザイン：Pesco Paint（清水裕久）
● イラスト（カット）：刈屋さちよ
● ナレーター：한준수、임수연

ステップアップ式
韓国語能力試験TOPIK II 一問一答

発行日　2021年1月1日　　　　　第1版第1刷

著　者　イム・ジョンデ

発行者　斉藤　和邦
発行所　株式会社 秀和システム
　　　　〒135-0016
　　　　東京都江東区東陽２－４－２　新宮ビル２階
　　　　Tel 03-6264-3105（販売）Fax 03-6264-3094
印刷所　三松堂印刷株式会社　　　　Printed in Japan

ISBN978-4-7980-6302-7 C0087